Click! 아가페

e – 시 대 의   기 독 교   만 나 기

남서울대 교목실 편

북코리아

사람에 대한 생각, 인간의 존엄과 권리에 대한 관심, 그리고 인간의 가치와 인간다움에 관한 성찰은 언제라도 중요하고 절실하다. 인문학(Humanities)에 관심하는 것은 사람에 대한 생각에서 무척이나 의미 있는 과정일 듯싶다. 성찰, 사색, 혹은 직관을 통해 인간다움을 모색하는 것은 결코 생략할 수 없는 과제이기 때문이다.

다만, 놓치지 말아야 할 것은 인문학적 관심을 단 한 가지로 규정하려 해서는 안 된다는 점이다. 전통적으로 문(문학), 사(사학), 철(철학)을 인문학이라고 말해왔지만, 그 범위는 넓혀지고 다양화될 필요가 있다. 문, 사, 철을 근간으로 하되 인간의 가치와 인간다움의 모색은 인간 모두의 몫이어야 하는 공동의 과제이기 때문이다.

아가페 인문학은 하나의 성찰이자 모색으로서, '아가페'(agape)를 근간으로 한다. 아가페에 관한 인문학적 성찰이라는 뜻도 담겨 있지만, 인간에 대한 아가페를 중요한 요소로 상정한다. 바꾸어 말하자면, '인간이란 무엇인가?', '사람은 무엇으로 사는가?'를 묻는 과정에서 아가페에 근거한 성찰과 모색을 시도하는 셈이다.

우리가 잘 알고 있듯이, '아가페'는 기독교 고유의 가치로서 사랑을 뜻한다. 이러한 뜻에서, 아가페 사랑을 바탕으로 삼아 인간에 대해 관심하고 인간다움을 성찰하며 인간됨을 말하려는 시도를 가리켜 아가페 인문학이라고 말할 수 있을 듯싶다. '기독교 바로알기' 혹은 '기독교 길라잡이'가 포함될 수밖에 없는 이유가 여기에 있다.

　바라기는, 이 책이 인간에 관한 아가페를 이해하는 텍스트(text)가 되고 현실을 마주하는 우리들의 삶이 콘텍스트(context)가 되어서 사람에 대한 바른 이해와 가치를 성찰하는 지평으로 나아갈 수 있으면 좋겠다. 그 지평에서, 인간다움과 사람됨의 아가페적 비전을 발견할 수 있으면 더 좋겠다. 그리고 그것을 중심으로 삶을 바꾸어가는 모습으로 이어질 수 있기를 기대해 본다.

2019년 2월

새 학기를 시작하면서

차 례 ClickAgapeContents

제1부

클릭! 아가페

아가페,
기독교에 초대하다

Point Plus

>> 아가페에 대한 이해를 위해 여러 가지 방법이 사용될 수 있지만, 기독교와 연관지어 생각하는 것이 가장 바람직합니다. 아가페와 기독교는 어떤 관계일까요?

>> 종교라는 말 자체가 거북할 수 있지만, 바람직한 종교의 과제와 연관지어 본다면 나름대로 종교에 대한 생각을 정리할 수 있습니다. 바람직하다는 것은 어떤 뜻입니까?

>> 요즘, 우리사회에 안티-기독교적 분위기가 많은 듯합니다. 덮어놓고 반대하기 보다는 어떤 것들을 고쳐야 할지 함께 생각해 봅시다.

신앙을 향한 마음의 문을 연상케 하는 성캐더린 수도원 한편의 작은 문

1 | 아 가 페 의   초 청 장

아가페란 무엇인가? 대충은 알고 있는 것 같지만, 막상 질문을 받으면 답이 짧아지는 것은 아마도 누구나 경험하는 현상일 듯싶다. 상식적으로, '아가페 (Agape)는 무조건적 사랑 또는 기독교적 사랑이다. 에로스와 같지 않으며, 기독교에서 말하는 대부분의 것은 아가페라는 단어로 요약할 수 있다.' 대개 그 정도는 알고 있다. 그 이상은 알지도 못하고 알고 싶지도 않은 것이 우리들의 일반적인 생각이다. 하지만, 우리가 상식적으로 안다고 하는 아가페는 과연 제대로 이해된 것일까? 한번쯤 점검할 필요는 있겠다. 혹시 남자친구나 여자친구 또는 그 다른 대화상대를 만나 이야기 하다가 나모 모르게 튀어나오는 말 중에 아가페를 오해하는 측면은 없을까? 선입견 혹은 편견은 없었을까?

같은 사물이나 동일한 사건을 대하지만 자기 나름대로 다른 해석을 내놓는 경우들이 종종 있다. 다양성을 존중한다는 점에서는 나쁠 것 없지만, 멀쩡한 사실이나 사건을 잘못된 이야기로 몰아간다면 문제가 아닐 수 없다. 대개의 경우, 사람마다 편견(偏見) 또는 선입견(先入見)이 작용하기 마련이고, 그것이 지나치면 전체를 못 보게 하는 장애물이 되고 진실에 대한 바로알기를 가로막는다. 일찍이 고대 그리스의 철학자 플라톤(Platon)은 동굴에 갇힌 수인(囚人)의 비유를 통하여, 그리고 베이컨(F. Bacon)은 우상론을 통하여 인간이 가질 수 있는 편견 또는 선입견의 유해성을 고발하였다. 진리의 인식을 위해서는 선입견과 편견을 버려야 한다는 것이다.

아가페에 대한 이야기 역시 마찬가지이다. 교회 다니는 사람들이나 관심을 가져야 할 이야기일 뿐, 나와 전혀 상관없는 이야기일까? 아가페에 대한 이야기를 조금 확장하여, 기독교에 대한 접근도 마찬가지이다. 기독교의 근본동기는 아가페이기 때문이다. 아가페는 기독교의 독창적인 개념이며, 아가페가 없이는 기독교의 그 무엇도 기독교적일 수 없다. 아가페에 대한 이해는 곧 기독교에 대한 이해이며, 기독교는 아가페를 통하여 올바른 모습으로 다가올 것이다.

그렇다면, 기독교는 아가페를 온전히 보여주고 있는가? 유감스럽게도, 종교현상으로서의 기독교와 교회공동체는 뒤틀리고 일그러진 모습으로 투영되고 있다. 더구나 안티-기독교 분위기가 기승을 부리면, 아가페에 대한 핵심적 이해 이전에, 이미 기독교는 그 자체로 매도되기 쉽다. 진실로서의 기독교, 또는 기독교 그 자체에 대한 이해를 위하여, 편견 또는 선입견을 괄호 안에 넣어두고 그 판단을 잠시 유보하는 여유가 필요하다. 기독교 바로알기를 시도한 이후에 비교해도 늦지 않을 것이기 때문이다.

과연, 아가페란 무엇인가? 우리는 이 질문을 이렇게 바꾸어 본다. 기독교란 무엇인가? 아가페는 기독교의 핵심이기 때문이다. 이 질문에 대한 답이 아가페를 둘러싼 이야기들을 풀어낼 것이기 때문이다. 그러나, 막상 답을 찾기도 전에 우리는 더 중요한 문제에 직면한다. 현대인에게 종교는 과연 의미있는 것인가? 탈종교의 시대라고 불리우는 현대사회에서 기독교에 대한 관심을 촉발시키기 보다는 종교의 위기를 먼저 걱정해야 하는 것은 아닐까? 해마다 기독교 인구는 감소추세에 있으며, 전체적으로는 완만한 증가세를 보이고 있다는 말로 위로한다고 해도 위기를 맞이하고 있다는 것은 분명하다. 기독교 전체를 바라보는 눈길 역시 곱지 않다. 종교의 가치와 권위에 대한 존중과 신비감 내지는 성직에 대한 존경은 찾아보기 어렵다.

현대인에게 종교는 이내 비판의 대상이 되기 쉽고, 한걸음 더 나아가 무관심의 영역으로 밀려나고 있다. 종교의 영향력 또한 축소되고 있다. 서양문화를 지배했던 기독교는 현대사회에 들어와서 서양문화권 안에서도 점차 문화의 한 영역으로 축소되어 다루어지기 시작했고 시민단체 또는 비정부기구(N.G.O.)의 하나로 인식되고 있다. 그리고 이러한 흐름은 현대인의 탈종교적 성향과 맞아 떨어지고 있다.

현대사회에서 기독교가 위기에 몰리고 있다면, 종교를 포기하는 것도 한 가지 방법이겠지만, 인간에게서 종교란 떼어낼 수 없는 실존적 조건이라는 점에서 본다면, 종교위기의 상황을 극복하고 그 영향력을 회복하기 위한 대안을 찾는 것이 바람직할 것이다. 이를 위해 종교, 특히 기독교가 위기에 직면한 원인을 규명하는 것이 우선 필요하다. 여러 관점에서 다양한 의견들이 제시될 수 있겠지만, 대략 종교외적 원인과 종교내적 원인으로 구분지어 생각해 볼 수 있겠다.

우선, 외적원인으로는 시민사회의 형성과 과학기술의 발전을 가장 중요한 요소로 고려할 수 있다. 중세 기독교는 서구문화의 중심점이었으나, 중세의 몰락 이후 기독교의 영향력은 급격히 위축되었다. 근대시민사회가 형성되고 민주사회로 이행되는 과정에서 시민의식의 자각과 인권에 대한 요구가 점증하면서 기독교의 영향력은 급격히 축소되었다. 이와 함께 과학기술의 발달은 종교의 영향력 축소를 가속화했다. 자연에 대한 무지와 공포의 상태로부터 벗어나 과학기술의 발전에 힘입은 테크놀러지 중심의 사회로 접어들면서 종교는 상대적으로 영향력이 감소되었고 과학기술만능을 경계해야 할 지경에 이르렀다.

또 다른 원인은 내부에 있다. 종교 내적원인은 사회적 영향력과 종교 지도자들의 도덕성 문제와 연관된다. 특히 일부 종교지도자들의 도덕적 일탈과 사이비 및 이단의 등장은 기독교를 위축시키는 가장 큰 원인들이다. 극소수의 경우이기는 하지만, 대규모 교회를 이끄는 지도자들의 부도덕한 행각들은 사회적으로 악한 영향을 준다. 교회의 내분과 갈등 또한 종교의 영향력을 현저하게 저하시킨다. 이단과 사이비의 등장은 기독교에 대한 관점을 덩달아 왜곡시킨다. 그리고 내적원인에 의한 왜곡은 종교 외적요인과 결합되어 기독교의 영향력을 크게 저하시킨다.

필자 역시 기독교인의 한 사람으로 겸허한 반성을 표하지 않을 수 없다. 그러나 분명한 것은 이러한 현상들이 기독교의 본질은 아니며, 기독교의 전체가 아니라는 점이다. 모든 기독교가 그럴 것이라는 생각 자체가 일종의 편견이다. 혹은 논리적 일반화의 오류이다. 일부 또는 극히 제한적인 경우에 해당하는 일을 전체에 해당하는 것처럼 뒤집어씌우는 오류 말이다. 기독교의 일그러진 모습들이 과연 기독교를 구성하는 사람들 전체에 해당하는 것인지를 판단해 보아야 한다. 기독교 바로알기의 필요성이 여기에 있다. 기독교에 대한 고정관념이나 귀동냥으로 들어왔던 이야기들에 의존하지 않고, 기독교에 대한 선입견과 편견으로부터 벗어나기 위한 노력이 필요하다. 이러한 편견을 버리지 못하는 것은 사람을 판단할 때, 그 내면의 진실과 인간됨에 대한 이해 없이 겉모습과 패션만으로 판단하는 것과 같다. 겉모습이 그 사람에 대한 온전히 이해와 같은 것은 아니다.

종교의 진정한 의미를 파악하고 기독교 바로알기에 이르기 위해, 종교에 대한 균형잡힌 이해가 필요하다. 전통적으로 종교의 개념을 설명할 때 등장하는 인격의 3요소, 지(知)·정(情)·의(意)는 치우침 없이 종교를 바라보아야 한다는 교훈을 담고 있다. 이솝우화에 나오는 시각장애인이 코끼리를 만지는 이야기와 마찬가지이다. 한 부분에 대한 경험만으로 그것이 전체인 것처럼 말하는 것은 진리를 종합적으로 이해하지 못하게 하며 단편적인 왜곡에 얽매이게 한다.

종교를 지성적 관점에서만 이해하려는 것은 종교를 세계관이나 초월에 관한 학문적 성찰 및 탐구 정도로 설명하는데 그치고 만다. 종교를 세계에 대한 이해 또는 존재의 신비에 대한 지적해석의 작업 등으로 규정하는 학자들은 종교를 지성적 요소로 규정한다. 막스 뮐러(M. Müller), 스펜서(H. Spencer), 프레이저(Sir J. G. Frazer)와 같은 학자들이 여기에 속한다. 그러나 이러한 관점은 종교의 열정적 요소와 실천적 요소들을 약화시킬 우려가 있다.

종교를 정서와 감정의 관점에서 설명하는 것 역시 약점이 있다. 절대의존의 감정을 주장하였던 슐라이엘마허(F. Schleiermacher)와 절대타자 및 거룩함에 관해 말했던 오토(R. Otto)의 관점은 우리의 주의를 끈다. 종교에 감정적 요소

또는 정서적 요소가 있다는 것은 종교적 열성의 다양한 예들을 통하여 확인할 수 있다. 종교적 열성은 종교의 영향력을 말해주는 중요한 요인이다. 그러나 분별력 없이 지나친 열성은 열광주의에 빠지기 쉽고 광신(狂信) 또는 맹신(盲信)에 이르기 쉽다. 인류의 역사는 종교적 열광주의를 포함한 모든 종류의 지나친 열광주의가 얼마나 위험한 것이었는지 잘 보여주고 있다.

종교에서 실천적 요소의 중요성을 지나치게 강조하는 것 또한 타당하지 못하다. 종교에 도덕성이 수반되고 그 실천적 봉사의 모습을 보여 줄 때, 종교는 사회적 영향력을 발휘할 수 있다. 종교를 신의 의지와 인간의 의지의 일치라고 설명했던 브린톤(D. Brinton)의 관점이 아마 여기에 속할 것 같다. 그러나 종교를 지나치게 의지(意志)의 작용으로만 설명하면, 시민운동이나 인권운동은 될 수 있을지 몰라도 종교 전체의 모습을 올바르게 그려내지는 못한다. 도덕성은 인간됨의 필수요소이며 종교의 기능과 구성요소 중 하나임에 틀림없지만, 그것만으로 종교 전체를 설명할 수는 없다. 바람직한 것은 세 가지 요소가 균형을 이루는 것이다. 종교에는 세계관적 요소, 그리고 삶과 죽음에 대한 이해를 추구하는 지성적 요소도 있으며, 뜨거운 열정과 헌신의 감정적 요소도 분명히 있다. 종교적 체험은 반드시 사랑의 실천으로 이어져야 마땅하다.

2 | 아 가 페 의 종 교 , 기 독 교

현대사회에서 종교의 영향력이 감소되고 위기상황으로 치달을 수 있다는 점을 유념하면서, 우리는 바람직한 종교를 희구한다. 바람직한 기독교, 영향력있는 기독교, 환영받는 기독교, 인간구원의 기독교를 우리는 만나고 싶다. 과연, 바람직한 종교란 어떤 것인가? 다양한 의견이 제안될 수 있다. 소외된 계층에 대한 관심을 강조하면서 종교의 사회참여적 기능을 강조할 수 있다. 사회봉사를 통한 종교의 역할증대를 주장할 수도 있다. 테크놀러지 시대에 종교가 해야 할 생명존엄을 위한 역할을 말할 수 있다. 종교지도자들의 도덕성과 지도력의 변화를 통한 바람직한 이상의 실현을 기대하는 사람도 있을 수 있다. 그만큼 현재의 종교에 부족함이 있다는 뜻도 되겠고, 종교가 지향해야 할 과제를 보여주는 것이기도 하다.

여기에서 바람직한 종교의 모습에 대한 이론들을 찾아보자. 문명사학자 토인비(A. Toynbee)는 문명에 대한 역사적 연구를 통해 종교의 중요성을 강조하면서 인류의 종교를 크게 원시종교와 고등종교로 구분하였다. 그에 따르면, 원시종교는 기복(祈福)을 특징으로 삼는다. 반면에 고등종교는 도덕성을 특징으로 한다. 이것은 종파와 교단의 차이가 아니라 종교의 지향점을 중심으로 설명하는 방식이다. 그는 우리에게 바람직한 종교는 기복적 특성을 넘어 도덕성이라는 기준이 고려되어야 함을 일깨워 준 셈이다.

종교에 대한 또 하나의 통찰을 현대철학자 베르그송(H. Bergson)에게서 볼 수 있다. 〈도덕과 종교의 두 원천〉에서 베르그송은 도덕과 종교를 마음의 상태로부터 설명한다. 하나는 닫힌 것이요 다른 하나는 열린 것이다. 닫혔다는 것은 처벌에 대한 두려움에서 나오는 도덕과 종교를 말한다. 열린 것이 되기 위해서는 처벌에 대한 두려움 보다는 인격적 열망(aspiration)에서 우러나와야 한다는 것이다. 베르그송에 따르면, 바람직한 종교의 모습은 예수 그리스도와 제자들의 모임에서 발견된다. 예수 그리스도의 말씀은 제자들로 하여금 자발적인 헌신과 열망으로 그를 따르게 하였고, 그들의 열망은 종교의 역동성을 가장 생생히 보여준다는 것이다.

토인비의 생각과 베르그송의 관점은 두 가지 공통점을 지닌다. 그 하나는 종교는 참여자들의 마음의 태도에 따라 질적으로 차이가 난다는 것이다. 미신적이고 기복적이며 자기이익을 위한 종교와 이타적이며 도덕성을 실현하는 종교의 차이는 질적으로 구분된다. 그것을 굳이 고등한 것이나 월등한 것으로 명명하지 않더라도 어떤 종교가 바람직한 것인지는 짐작할 수 있을 것이다.

다른 하나는 종교와 도덕이 상호의존적이라는 점이다. 물론, 도덕성을 바람직한 종교의 유일한 조건으로 제시할 수 없다. 또는 열린 자세만을 바람직함의 유일한 조건이라 할 수는 없다. 그러나 우리는 종교의 진정한 모습에 대한 윤곽을 볼 수 있다. 온전한 인격으로 하나님을 만나게 하는 종교가 진정한 종교일 것이다. 만일 오늘의 기독교가 열린 종교의 모습을 가지지 못한다면, 기독교 신앙인 모두의 겸허한 성찰과 반성이 주제가 되어야 할 것이다.

우리는 기독교가 바람직한 종교일 수 있다는 확신과 함께 그렇게 만들어 가기 위한 노력이 병행되기를 기대해 본다. 개인의 기도제목을 성취하기 위해서, 가정의 축복을 위해서, 사업의 번창을 위해서 신앙생활을 선택하는 것은 신앙의 동기들 중 하나일 수 있다. 그러나 성숙을 위한 영성함양이 더 큰 관심이 되기를 소망한다. 교회 안에서 성서적인 모습을 구현하는 데 방해가 되는 것들을 찾아내고 새롭게 갱신하려는 몸부림이 이어지기를 기대해 본다.

3 | 구 원 의 사 랑 , 아 가 페

이제 처음 질문으로 돌아가자. 아가페란 무엇인가? 아가페가 기독교의 사랑개념이라는 것쯤은 이미 알고 있다. 그렇다면, 기독교의 사랑은 과연 무엇인가? 기독교에 대한 여러 수식어가 있겠지만, 무엇보다도 '구원'의 종교이다. 기독교를 상징하는 십자가, 성서, 교회건물, 성직자, 예배 등 모든 요소는 기독교가 사랑과 구원의 종교임을 보여준다. 희생의 종교, 부활의 종교, 말씀의 종교 등으로 부를 수 있지만, 가장 특징적인 요소는 사랑과 구원이다. 기독교의 본질은 하나님의 구원계획, 예수 그리스도의 십자가와 부활을 통해 설명되기 때문이다.

특별히 기독교는 아가페의 종교이다. 예수 그리스도를 통해 구현된 하나님의 사랑, 아가페는 이성간의 사랑 또는 부모의 사랑을 넘어선다. 아가페는 인간을 구원하시기 위한 하나님의 은총이며, 십자가는 핵심이다. 기독교는 구원의 종교이며, 예수 그리스도의 생애와 사역은 구원을 위한 것이었다. 구원이라는 말은 여러 관점에서 설명될 수 있겠으나 구원의 종교로서 기독교가 강조하는 것은 죄악과 고난에서의 해방이다.

성서는 인간이 처한 모든 한계상황과 결핍과 갈등이 죄로 인한 것이라고 선언한다. 키엘 케고르의 용어로 하자면, 죄인된 인간은 죽음에 이르는 병에 걸려 있다. 고독, 공포, 절망하는 인간의 모습이 그것이다. 인간의 모든 문제들에서 죄보다 더 심각하고 근본적인 것은 없다. 기독교가 강조하는 구원의 요점은 죄에 대한 해결이다. 창세기에 나타난 아담과 하와의 이야기에 나온 것처럼 죄의 본질은 하나님 중심적 삶에서 하나님 없는 인간중심적인 삶을 향하여 떠나간 일탈이다. 그것은 하나님과의 올바른 관계의 훼손이며, 하나님 없이 살려고 발버둥치는 인간은 한계상황에 갇히고 말았다.

그렇다면, 인간이 죄로부터의 구원을 얻을 수 있는 길은 무엇인가? 크게 두 가지 방법이 있다. 그 하나는 스스로의 노력을 통한 구원이다. 자력구원을 주장하는 사람들 중에는 인생의 정도에서 한 치의 어긋남도 없는 도덕적이고 올바른 삶을 살면 된다는 경우가 대부분이다. 그런가하면 경제적 성공과 번영 및 과학기술의 발전을 통해 인간의 무기력함과 한계를 극복할 수 있다는 사람들도 있다. 고독과 허무의 탈출구를 향락과 도취에서 찾으려는 사람들도 있다. 그러나 우리는 이 모든 방법들이 온전하지 않음을 경험적으로 알 수 있다. 키엘 케고르의 저작에서 볼 수 있는 것처럼 향락을 추구하는 삶이나 도덕만으로 온전해지려는 노력은 이내 절망에 이르며, 진정한 종교를 향한 신앙의 도약이 요청된다.

여기에 아가페가 작용한다. 예수 그리스도의 십자가는 모든 인류를 향한 하나님의 사랑을 보여주는 사건이다. 그리스도의 희생은 죄로 인해 구원받지 못할 인간을 용서하시며 새롭게 하시려는 하나님의 은총적 사건이며 사랑의 계시이다. 인간은 하나님을 배신하고 하나님 없는 삶의 환상을 찾아 떠나갔으며, 마땅히 징벌을 받아야 함에도 불구하고 하나님은 인간을 용서하시기 위하여 예수 그리스도를 십자가에 대신 죽게 하신 것이다. 우리는 십자가를 통해 세상을 사랑하시되 독생자를 희생시켜 인간을 구원하시는 사랑의 하나님을 볼 수 있어야 한다. 이것이 아가페의 본질이다. 그리고 누군가의 말처럼, 아가페는 기독교의 근본동기이다. 이 책을 읽는 우리 모두는 아가페의 초청장을 통하여 기독교 바로알기를 시도하는 셈이다.

더 생각해 볼까요?

>> 아가페의 종교인 기독교에 대한 올바른 이해를 위해 편견과 선입견을 버려야
합니다. 평소에 기독교에 대해 가지고 있었던 이미지는 주로 어떤 것입니까?

_____

_____

_____

>> 바람직한 종교는 어떤 특징을 가지고 있을까요? 특별히 기독교의 바람직한 모습
을 위한 제언은 어떤 것이 있습니까?

_____

_____

_____

>> 우리는 이 책에서 아가페를 통해 기독교 바로알기에 초청을 받았습니다. 그렇다
면, 기독교의 가장 중요한 특징은 무엇이라 생각합니까?

_____

_____

_____

아가페, 성서에 나타나다

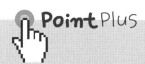

Point Plus

>> 성경책에 대한 이미지는 어떤 내용들입니까? 좋은 느낌이 많습니까? 혹은 낡아버린 것이라는 인상입니까? 함께 생각해 봅시다.

>> 아가페에 대한 이해의 한 방법으로 성서를 다룰 때, 굳이 말하라고 한다면, 주로 어떤 주제에 관심이 있습니까?

>> 아가페의 종교로서 기독교가 올바른 모습으로 갱신되기 위해 반드시 참고해야 할 기준은 성서입니다. 어떤 이유에서일까요?

모세가 소명을 받은 시내산의 일출

1 | 성 서 는 고 리 타 분 하 다 ?

　기독교의 근본동기이자 핵심인 아가페는 성서를 통하여 가장 분명하게 확증된
다. 성서는 아가페의 원전(原典)인 셈이다. 그러나 성서에서 아가페의 증거들을
찾아보기도 전에, 우리는 다소 어두운 이미지를 만난다. 아쉽게도, 사회적 이슈와
문화의 변화에 대해 기독교는 성서를 근거로 삼아 보수적이고 신선하지 못하다는
인상을 풍겨왔다. 수구적이며 권위적인 이미지는 성직자들의 두터운 가운에서,
교회당의 고딕양식 첨탑에서, 그리고 교회에 다니는 사람들이 옆에 끼고 다니는
성서에서 진하게 느껴진다. 어느새 기독교는 집단이익과 교회만을 중시하는 집
단, 개혁과는 거리가 먼 종교집단으로 각인되고 있는 것은 아닐지 안타까운 생각
이 든다.

　특히 기독교의 경전이라 알려진 성서는 시대착오적인 주장만을 늘어놓는 것은
아닌가? 세계적인 추세로 알려진 성 개방의 풍조와 가족제도의 변화에 대해 '순

결', '정절', 그리고 '이혼불가'를 말하는 것이 성서의 정답인가? 다원주의 시대에 고리타분하게도 유일신 신앙만을 고집하며, 안식일을 명분으로 주말의 여유와 레저를 죄악시하며 교회생활에만 붙잡혀 있도록 강제하는 것이 성서의 정답인가? 심각한 경제불황 속에서도 변함없이 십일조를 강조하는 것은 과연 성서적인 것이며 현대인에게 굳이 필요한 것일까? 등등 꼬리를 물고 많은 질문이 제기된다.

이 모든 질문은 공통적으로, 성서를 보수적이며 시대착오적인 것이라고 보는 입장이 전제되어 있다. 동서양의 모든 고전이 그러하듯 성서 역시 인문과학을 위한 고전에 지나지 않다고 말하는 사람도 있을 수 있다. 고전의 시대와 오늘의 시대는 분명히 다르며, 고전에서 얻는 지혜들은 마음의 여유와 경제적 부가 있는 사람들에게나 가능한 사치스러움이 아닐까 하는 의문을 제기하는 사람도 있다. 한마디로, 성서는 고리타분하고 답답하며 틀에 박힌 이야기들로 가득 찬 옛 시대의 유산에 불과하다는 생각이 많은 것 같다.

다른 한편으로 이런 생각도 있다. 성서가 옛날 책이라는 점에서, 허황된 이야기들이 너무도 많다는 주장이다. 성서에 나오는 이야기들을 판타지 영화나 소설쯤으로 생각하는 경우도 있을지 모른다. 일반적으로 판타지는 마술적이고 주술적인 배경에 몬스터들이 등장하는 작품들이 그 대부분을 차지하고 있다. 어찌보면, 판타지는 이미지 형태로 표현되어 있어서 흥밋거리가 될 수 있지만, 그나마 성서는 딱딱한 텍스트로 구성되어 있는 탓에 그것만도 못한 취급을 받기 십상이다.

하나님이 말씀으로 천지를 창조하셨다는 성서의 첫마디는 진화론적 세계관에 젖어 있는 현대인에게 허구적인 이야기나 신화 같은 이야기에 그칠지 모른다. 흙으로 사람을 창조하셨다는 부분도 고대 그리스 신화에 등장하는 데미우르고스의 행동과 별 차이가 없다고 말할지도 모른다. 노아시대의 홍수가 일어났다는 것은 빙하시대의 이야기를 그럴싸하게 꾸며낸 것이 아닐까? 나아가 아기 예수가 동정녀에게 임신되어 탄생하였다는 것은 산부인과 의학의 관점에서 도저히 납득될 수 없는 허구일지 모른다.

그런가하면, 성서에 익숙한 사람들에게도 나름대로 질문이 있게 마련이다. 일부일처제를 근간으로 하는 우리사회에서 아브라함과 야곱이 일부다처제로 살아간 이야기는 어떻게 이해되어야 하는 것일까? 형이 죽으면 동생이 형수를 아내로 취하여 함께 살아야 한다는 이스라엘의 문화와 우리들 삶의 맥락은 많은 차이가 있는데 어떻게 수용되고 이해되어야 하는가? 우리나라 역사도 제대로 모르는 데, 이스라엘의 역사적 영웅들과 그들이 삶을 속속들이 공부하고 외워대는 것은 과연 의미있는 일인가?

혹은 이렇게 질문할지도 모른다. 삶이 답답하고 앞이 보이지 않는 이 시대에 하나님은 왜 아브라함 시대처럼 나에게 직접 계시하시지 않는 것일까? 성서의 구절은 줄줄이 꿰차고 있지만 삶의 변화가 없는 사람들은 왜 그런 것일까? 무엇인지는 몰라도 무작정 인내하고 기다리다 보면 요행스럽게도 경제적 축복이 허락될 수 있는 것일까? 성서를 둘러싼 질문은 그 끝이 없을 정도로 꼬리에 꼬리를 물고 제기될지 모른다.

2 | 성 서 를 통 해 보 는 아 가 페

성서는 아가페의 책이다. 성서를 바르게 이해하는 것은 아가페와 기독교 이해의 지름길이다. 기독교에 대한 이해의 길에는 여러 방법이 가능하다. 객관적 이해와 주관적 이해, 밖으로부터의 이해와 안으로부터의 이해, 관찰자적 접근과 참여자적 접근 등 여러 가지 길이 있다. 그러나 종교에 대한 무관심 내지는 방관자임을 표방하는 것이 아니라면 결국 둘 중의 하나라고 할 수 있다. 그 하나는 기독교를 종교학 또는 철학적 관점에서 이해하는 길이며 다른 하나는 성서를 통한 기독교의 이해이다. 그리고 성서를 통한 기독교 이해는 아가페에 관한 가장 확실한 길이다.

기독교에 대한 성서적 이해의 길은 종교현상학, 종교사회학, 종교철학 내지는 종교신학 또는 비교종교학 등을 통하여 기독교를 이해하는 방법과 다르다. 기독교의 경전인 성서가 증언하는 내용들에 충실하여 기독교를 설명하는 방법으로서 기독교를 자연종교와 구분되는 계시의 종교로 이해하도록 이끌어 준다. 종교학적 방법을 통해 기독교에 대한 지식을 얻을 수 있겠지만, 성서와 씨름하며 성서의 말씀을 통해 체험하는 기독교 이해에 비교될 수 없다.

성서의 의의는 그것이 기독교의 기초라는 데 있다. 성서적 기초를 가지지 않은 것은 기독교적인 것이라 할 수 없다. 특별히 종교개혁이후의 기독교는 성서의 권위와 중요성을 최고의 것으로 간주한다. 루터와 칼빈의 종교개혁은 성서적이지 못한 중세의 기독교를 개혁하여 성서가 말하는 근본정신으로 돌아가자는 운동이었다. 오직 성서로(*sola scriptura*)의 슬로건은 기독교의 이해에 있어서 성서가 차지하는 중요성을 잘 반영해 준다. 한마디로 기독교는 성서적 종교인 것이다.

성서를 바르게 해석하고 성서의 정신을 올바로 이해하는 것은 기독교의 근본이 무엇인지를 보여주는 지름길이다. 기독교에 있어서 설교와 행위의 모든 기준은 성서로부터 그 근본적인 통찰력을 얻는다. 성서가 말하는 것을 앞질러 가거나 성서의 정신을 위배하는 것은 기독교적 정통성에 심각한 의심을 받게 된다. 성서적인 것은 기독교적인 것이며 기독교적인 것은 성서적인 것이라고 말하는 것이 지나치지 않을 정도로 성서는 기독교를 기독교 되게 하는 가장 중요한 원천이다.

성서의 특징은 계시의 책이라는 데 있다. 성서는 하나님이 인간에게 자기 자신을 스스로 나타내 보여준 사실을 기록해 놓은 책이다. 인간을 향한 하나님의 뜻을 기록한 책이다. 이러한 의미에서 그리스도인은 성서를 하나님의 말씀 혹은 기록된 계시의 책이라 부른다. 인간의 지식은 나름대로 중요한 의의를 가지고 있지만, 그것만으로는 이 세상의 모든 것을 알 수 없으며, 더구나 하나님의 뜻을 알 수 없다. 현대과학이 발달하고 지식의 축적이 위대하다 하더라도 하나님의 거대한 창조의 신비를 한 조각도 채 벗겨내지 못할 것이다.

성서를 계시의 책이라 부르는 것은 영감설(靈感說)과 관련이 있다. 성서를 기록한 사람도 수십 명이나 된다. 그 저자의 이름이 알려진 것도 있고, 저자의 이름을 알 수 없는 책도 있다. 동시에 그 저자들은 서로 다른 시대, 직업, 삶의 배경 가운데서 이 성서를 기록했다. 이처럼 여러 사람에 의해서 여러 시대를 거쳐 기록된 성서는 그 내용과 형식 또한 매우 다양하다. 그러나 근본적으로 그것이 한 권의 성서를 이루는 이유는 성서의 근원이 하나님의 계시에 있기 때문이다. 이른바 성서영감설은 이러한 과정을 잘 설명해 준다. 모든 성경은 인간의 문학적 상상력에 의해 이루어진 것이 아니라 하나님의 감동으로 기록되었다.

성서의 구조는 여러 책이 합쳐진 한권이다. 바이블(Bible)이란 '책들'이라는 희랍어에서 왔다. 성서는 한 권의 책이지만, 구약과 신약이 합쳐진 책이며, 내용적으로 여러 권의 책이 합쳐진 한권이다. 성서는 약 1900여년이라는 오랜 기간에 걸쳐 생성되었으며, 구약(舊約, Old Testament) 39권, 신약(新約, New Testament) 27권, 그리고 전체 66권의 책이 하나로 묶여 있다.

성서는 아가페의 책이다. 성서의 주제는 하나님의 인간사랑과 구원, 즉 아가페이다. 성서는 모든 사람들에게 구원에 이르는 길을 제시한다. 성서는 하나님의 아들 예수께서 그리스도이시고 그 분을 통해 인간이 구원을 얻을 수 있다는 사실을 증거하기 위해 기록되었다. 성서는 인류를 구원하시는 하나님의 계획과 구원의 역사를 보여준다. 자연종교에서는 인간이 하나님을 찾아가는 길을 강조하지만, 성서는 하나님께서 먼저 인간을 사랑하시어 찾아 오셨음을 강조한다. 그 사랑의 핵심은 인류의 구원에 있으며, 성서는 하나님의 사랑과 구원의 이야기들을 담고 있다. 이러한 의미에서 성서는 인간을 위한 하나님의 구원의 드라마이다.

성서의 중심은 예수 그리스도이시다. 성서 전체에 흐르고 있는 구원의 메시지들은 하나님의 사랑의 표현이며, 그 드라마는 메시아의 출현, 즉 예수 그리스도의 십자가와 부활의 사건에서 절정을 이룬다. 구약은 메시야로서의 예수께서 오실 것이라는 메시지를 담고 있다. 즉 '오실 예수'를 계시한다. 신약은 메시야가 오셨다는 복음을 선언한다. 즉 '오신 예수'를 선포한다.

이러한 기초지식 위에서 성서 전체의 흐름을 요약한다면, 창세기로부터 요한

계시록에 이르는 하나님의 구원의 드라마로 볼 수 있다. 창세기는 이 세상과 문화의 기원에 대한 기록이다. 창세기의 '창조신앙'은 하나님을 향한 신앙과 아담으로부터 비롯되는 인간의 죄에 대한 철저한 고발, 그리고 구원의 드라마의 서론이다. 창세기에는 축복과 저주, 죄와 구원, 사회와 문명, 기술과 산업 등 모든 주제들이 총망라되어 있다. 창조이야기를 비롯한 그 이후 인류의 범죄와 가인의 살인이야기, 노아의 홍수, 그리고 바벨탑 이야기 등은 구원과 사랑의 하나님에 대한 신앙을 요구한다.

하나님의 구원열정은 Exodus(출애굽) 사건을 통해 구체화된다. 하나님은 아브라함의 후손 이삭과 야곱과 요셉과 동행하셨고 히브리민족이 노예생활에 허덕일 때, 모세를 통하여 이스라엘민족을 해방시키신다. 하나님은 이스라엘이 홍해를 건너 약속의 땅 가나안을 향하도록 이끄셨다. 그들은 광야 길에 십계명을 받았고 하나님의 언약백성이 되었다. 이스라엘은 고대 근동의 한 부족으로서가 아니라 세계를 주관하시며 역사를 섭리하시는 하나님의 백성으로 선택된 것이다.

창세기 출애굽기 이후 이어지는 이스라엘 민족의 역사는 신앙의 중요성을 교훈한다. 이스라엘은 하나님의 언약에 따라 사는 하나님의 백성이 되어야 함에도 불구하고 사사시대 – 통일왕국시대 – 왕국분열시기로 이어지는 역사를 통하여 하나님을 배신하고 언약에 신실하지 못하였다. 그들은 역사의 주관자이신 하나님의 심판을 받아 비극적인 왕국멸망과 포로시기를 경험하였으며, 하나님은 선지자들을 보내시고 이스라엘민족이 신앙을 회복하도록 촉구하신다.

이스라엘이 범죄하고 배신하여 언약에 신실하지 못하였지만, 하나님은 기다리시고 참아 주셨다. 이 과정에서 우리는 '이스라엘의 죄악 – 하나님의 심판 –

이스라엘의 회개 - 하나님의 구원'이라는 중요한 흐름을 볼 수 있다. 하나님은 예언자들을 통하여 이스라엘이 영영 멸망할 민족이 아니라 구원받은 것임을 약속하셨다. 언약의 백성을 향한 하나님의 은혜와 사랑은 식을 줄 모른다. 메시야가 오시리라 하던 예언자들의 메시지는 이러한 하나님의 사랑을 잘 보여주는 말씀들이다.

약속의 '메시야가 오시리라' 하는 예언자들의 선포는 신약에서 '메시야가 오셨다'는 복음으로 이어진다. 구약에서 시작된 구원의 드라마는 제2막을 맞이하여 예수 그리스도의 말씀 속에서 진정으로 가치있는 것은 무엇인지, 인간이 인간다워지는 진정한 길은 무엇인지를 보여준다. 성서에 따르면 인간은 구원이 필요한 존재이다. 스스로의 선택에 의해 죄인이 되어버린 인간은 그 길을 헤어 나올 능력을 상실하고 말았다. 인간의 모든 한계상황들로부터 인간을 진정한 해방의 길로 이끌어 줄 수 있는 희망은 오로지 하나님으로부터 온다는 사상이 구약을 관통하는 중심사상이었다. 예수 그리스도는 바로 이 일을 위해 오신 분이요 십자가의 희생을 통하여 이 위대한 구원의 목표를 '다 이루신' 하나님 자신이시다.

예수 그리스도를 통한 구원의 복음은 히브리문화와 이스라엘 지역에 나타난 것이지만, 그것은 모든 인류를 위한 약속이었다. 이를 위한 기독교의 세계화는 예수 그리스도를 인류의 구세주로 고백하고 소개했던 사도바울(St. Paul)을 통하여 이루어졌다. 한 때 예수를 따르는 무리들을 박해하는 주동자였지만, 다마스커스로 가던 길에 예수 그리스도를 만난 이후, 그는 예수께서 모든 인류를 위한 그리스도임을 확신하였다. 그는 사람이 구원을 얻는 것은 혈통적 이유나 종교적 업적을 통하여 결정되는 것이 아니라 믿음을 통해서만 가능하다는 복음의 진수를 발견하였다.

이처럼 구원의 메시지로 가득찬 성서는 종말의 계시로 마감된다. 기독교는 직선적 역사관은 그리스도 안에서 구원받은 새로운 피조물을 위한 위대한 희망의 메시지이며 그리스도를 믿지 않는 자들에 대한 심판의 메시지를 담고 있다. 요한계시록은 고난의 종으로 십자가를 지신 그리스도의 초림(初臨)이후에 다시 심판주로 오실 예수 그리스도의 나타나심(Parusia; 再臨)을 계시하며, '새 하늘과 새 땅'을 향한 소망을 준다.

$$3 \quad | \quad \text{성 서 로 돌 아 가 자}$$

성서를 통한 기독교의 이해는 기독교의 본질에 이르는 중요한 통로이다. 성서를 통해 우리는 예수 그리스도를 만나며, 인간의 진정한 모습을 발견할 수 있다. 성서에서 발견한 기독교의 참 모습은 사회현상으로 나타나는 기독교의 보수적 이미지나 허구적 편견과는 아무 관련이 없다 해도 지나치지 않다. 보수적 경향은 어디까지나 보수적 신앙인들의 입맛에 맞게 성서를 해석하는 경향일 뿐이다. 구원의 메시지는 보수냐 진보냐 하는 사회적 논쟁과는 다른 카테고리에 속하는 것이 지 않은가? 본질을 알지 못하고 현상만으로 무엇을 규정한다는 것은 어리석은 속단이다.

더구나 종교개혁자들의 모습을 통해 우리는 성서가 가장 근본적인 개혁의 원천이다. 성서적이지 못한 기독교, 일그러지고 왜곡된 기독교는 성서에 비추어 비판되고 과감하고도 근본적으로 갱신되어야 할 대상이 아닐 수 없다. 성서를 최종적 권위로 인정하고 성서가 말하는 기독교의 참 모습을 회복하기 위해 노력했던 종교개혁자들에게서 우리는 성서의 개혁성을 볼 수 있다. 성서를 보수적인 입장의 대변자로 규정하려는 것은 본질을 알지 못하고 현상만 보는 것이며, 어리석은 속단이다.

성서를 통한 기독교의 이해는 기독교에서 중요한 것이 무엇인지 알려준다. 초월적 신통력이나 요행, 그리고 운명론적 결정론은 성서 그 어디에서도 정당화되지 않는다. 성서는 요행스러운 벼락부자를 정당화하지도 않으며, 일생동안 저주에 매여 살아야 하는 사람들의 이야기도 없다. 흥미를 위한 판타지가 아니라 그 자체로 신성한 기독교의 경전이다. 성서는 옛날이야기 같은 부분이 있다는 점에서 기록당시의 시대와 문화의 틀을 입고 기록되었으나 본질적으로 계시의 말씀이며, 하나님의 뜻을 보여주는 신성한 메시지이다.

성서를 통한 기독교의 이해는 신앙인들이 성서에 대해 제기하는 질문들을 무력화시킨다. 성서를 깊은 묵상으로 체험하는 사람들은 지성의 테두리를 넘어선 또 다른 세계를 볼 수 있다. 거기에서 신앙인의 진정한 성숙이 시작된다. 성서는 신앙인으로 하여금 신앙인되는 것이 무엇인지를 일깨워준다. 성서는 교회 갈 때 옆에 끼고 가는 책이 아니다. 살아있는 하나님의 말씀으로 존중할 수 있을 때, 성서에 대한 신앙인의 질문은 완전히 해소될 것이다.

이러한 의미에서 우리는 '성서로 돌아가자'고 했던 종교개혁자들의 명제를 마주한다. 이것은 두 가지 의미에서 중요하다. 첫째, 성서를 통해 기독교를 이해하려는 사람들에게는 성서를 통해 진정한 기독교의 모습을 발견하자는 것이다. 기독교에 대한 막연한 반감, 미션스쿨에 다니면서 들었던 단편적인 지식들로 인한 선입견, 그리고 사회현상으로 나타나는 기독교인들의 바람직하지 못한 모습들에는 진정한 기독교가 없다. 진정한 기독교는 오직 성서를 제대로 발견하는 곳에서 만날 수 있을 것이다.

둘째로, 신앙인에게는 진정한 성숙을 성서 안에서 발견하자는 것이다. 성서는 삶의 실용적 지혜를 담고 있는 측면이 없는 것은 아니지만, 그것이 전부는 아니다. 성서 안에서 우리는 신앙의 성숙을 위해 성령의 능력을 공급받아 인내해야 할 부분을 만날 수 있다. 지금 당장 이해되지 않고 납득되지 않는 구절, 성취되지 않을 것 같은 약속의 말씀은 인간의 생각을 따라 성취되는 것이 아니라 하나님의 시간에 하나님의 방법으로 이루어 질 것임을 고백할 수 있어야 한다.

특별히 우리사회에 너무 자주 등장하고 있는 비리와 부정부패에 기독교인들이 연루되는 현상들은 그리스도인과 기독교에 대한 이해를 추구하는 사람 모두에게 깊은 성찰의 기회가 되어야 할 것이다. 지나친 실망도, 무분별한 비판도, 성서 앞에 겸허하게 자신을 반성하고 성찰하는 것 보다 앞서는 것이어서는 안된다. 다시말해, '성서로 돌아가자'는 명제는 종교개혁자들의 시대에만 타당한 것이 아니라 오늘의 우리에게도 의미있는 것이어야 한다.

이러한 의미에서 1517년 10월 31일 루터(M. Luther)가 제기한 95개조 반박문은 성서적 기독교에서 벗어난 모든 행태에 대한 항거이며 오늘의 우리를 향한 외침이기도 하다. 루터는 교회에 절대적 권위가 존재한다면 그것은 교황권이 아니라, 성서를 통해서 알 수 있는 예수 그리스도에게 있다고 말한다. 그가 예수 그리스도 안에서 믿음으로 얻는 하나님의 구원에 대한 진리를 발견한 것은 다른 수도사들의 명언이나 개인적 체험에서 얻은 것이 아니었다. 성서에 대한 존중과 진실한 연구를 통해 이루어진 것이었다. '오직 믿음으로만(*sola fidei*)', '오직 은혜로만(*sola gratia*)' 그리고 '오직 성서로만(*sola scriptura*)'이라는 종교개혁의 대명제는 성서를 바라보는 오늘의 우리에게 여전히 유효하다.

　말씀하시는 하나님은 성서를 통해 우리에게 자신을 계시하신다. 그러나 하나님의 말씀은 성서보다 더 크다. '기록된 하나님의 말씀'으로서의 성서 보다 '성육신(成肉身, incarnation)하신 하나님의 말씀'인 예수 그리스도가 더 우선이다. 우리는 이 계시의 사건을 '선포되는 하나님의 말씀'을 통해 듣는다. 하나님의 말씀 안에서 비로소 우리는 새로운 삶, 영원한 생명을 얻을 수 있다.

더 생각해 볼까요?

>> 아가페를 담고 있는 성서에 대한 일반적인 인상은 보수적이거나 고리타분할 것이라는 오해가 많습니다. 당신은 어떤 생각이었습니까?

_____

_____

_____

_____

>> 아가페는 성서전체의 주제입니다. 신구약 전체를 통해 성서가 전하고자 하는 아가페의 목적은 과연 무엇입니까?

_____

_____

_____

_____

>> 우리나라의 기독교가 바람직한 방향을 찾기 위해 반드시 참고해야 할 기준은 성서입니다. 성서로 돌아가야 한다는 것은 무슨 뜻입니까?

_____

_____

_____

_____

아가페,
한계상황의 탈출구가 되다

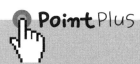

>> 사람다운 사람이 그립다고들 합니다. 과연 인간이란 무엇인가요? 인간에 대한 이야기에서 이것이 핵심이라 할 수 있는 것은 무엇인가요?

>> 아가페와 인간은 어떤 관계일까요? 기독교에서는 인간에게 아가페가 반드시 필요하다고 말하는 것일까요?

>> 인간은 영원할 수 없다고들 합니다. 무슨 뜻일까요? 그리고 그 이유는 과연 무엇인지 함께 생각해 봅시다.

성소피아 성당에 남아있는 예수님 벽화

1 | 인 간 이 란   무 엇 인 가 ?

인간이란 무엇인가? 이 질문은 인류의 역사만큼이나 오래되었다. 혹시 그 이상일지도 모른다. 역사가 기록되기 이전부터 인류는 존재해 왔으니 말이다. 수많은 학자들과 사상가들이 이 문제와 씨름하였고, 여러 주제들이 동원되었다. 마치 거인과의 싸움에 나선 장수가 힘겨워 하는 것처럼, 인간에 대한 질문은 무척이나 어려운 문제이다. 무수히 많은 결론들이 제시되었지만, 그것이 정답인지 여부는 쉽게 결판나지 않을 것이며, 앞으로도 그럴 것이다.

그럼에도 불구하고 우리는 이 질문을 포기할 수 없다. 인간에 대한 이해, 정체성의 확인, 그리고 인간의 본질과 사명에 대한 인식은 아르키메데스의 점(point)과도 같을지 모른다. 우주의 한 점을 지정해 주면, 지렛대의 원리를 이용하여 그것을 중점으로 삼아 지구를 들어 올리겠다던 아르키메데스의 말을 인간에 대한 이해에 적용하면, 인간이해야말로 모든 문제해결의 열쇠라 할 수 있겠다. 더욱이 인간에 관한 질문은 모든 종교의 핵심문제이기도 하다. 과연, 인간이란 무엇이며, 인간은 어떤 존재인가?

우리의 언어관습에서도 인간에 관한 많은 언급들을 볼 수 있다. 사람다운 사람을 찾아보기 힘들다고 할 때, 그 인간은 왜 그렇게 밖에 못사느냐고 할 때, 인간이 되라고 할 때, 우리는 인간에 관한 질문이 학문하는 사람들의 전유물이 아니라는 점을 새삼 깨닫는다. 인간인 한, 인간에 관한 질문은 필수적이며, 인간에 관한 질문이야말로 인간적인 질문이다. 인간만이 스스로에 대한 질문을 던지고, 그 답을 추구하기 때문이다. 인간다운 삶에 대한 희망이 그 속에 들어 있기 때문이다.

인간의 인간됨을 규정하는 것은 무엇이며, 무엇이 인간을 존엄하게 하는가? 인간중심주의와 인본주의란 무엇이며, 문제삼아야 할 부분은 어떤 것인가? 그리고 사회와 문화의 인간화는 어떻게 해야 성취될 수 있는가? 인간존엄은 인류사회의 기본적인 가치로 인식되어 왔으나, 그것이 과연 의미있게되는 맥락은 어떤 것인가? 인간은 자연환경에 대한 소유자이자 지배자일 수 있는가? 인간만이 우주와 세계의 중심이며, 특권을 누리는 존재인가? 생태계와 인간은 어떤 관계에 있는가?

인간은 왜 홀로 살 수 없는 존재인가? 인간은 어떤 공동체를 추구해야 하는가? 인간 공동체는 무엇을 목표로 해야 하는가? 시민으로서의 인간은 무엇 때문에 존엄한 권리를 가진다고 말할 수 있는가? 인간은 왜 도덕적으로 살아야 하는가? 인간은 역사의 심판을 무시하고 살아도 되는 존재인가? 인간에게는 왜 도덕과 종교가 있는가? 인간의 생명은 왜 소중한가? 이 모든 질문을 나열하는 것 자체가 끝없는 일이다. 그리고 이 모든 질문을 통하여 인간은 자연적 출생을 넘어

정신적 출생으로, 육체적 존재로부터 영적 존재에로 큰 걸음을 내딛게 될 것이다. 그리고 이것이야말로 종교를 향한 첫걸음이 될 것이다.

2 | 구 원 받 아 야   할   존 재

　　인간에 관한 기독교의 답은 양면성을 지닌다. 먼저, 기독교적 인간이해의 출발점은 '피조물'(被造物)이다. 성서의 증언은 하나님께서 흙으로 사람을 지으셨다(창세기 2:7)고 한다. 인간은 제아무리 능력이 있다 하더라도 인간일 뿐, 신(神)일 수 없다. 인간이기를 버리고 신의 자리에 올라 보려는 오류가 끊임없이 자행되어 왔고, 그것은 곧 흙으로 빚어진 존재임을 망각한데서 비롯된 교만이다. 오토(R. Otto)가 말한 '피조물 감정'(das Kreaturgefühl)이야말로 인간이 조물주에 의해 흙으로 지음 받은 존재임을 각성시켜 주는 거룩한 인식이다. 말하자면, 흙으로 빚어진 존재는 궁극적으로 '하나님 앞에 선 존재'이어야 한다.

　　동시에 흙으로 빚어진 존재로서의 인간은 생명에 한계가 있음을 인식한다. 인간은 영원한 존재가 아니라, 시간 내 존재이며 세계 내 존재이다. 시간과 공간의 제약 안에 사는 존재라는 뜻이다. 특히 아담과 이브의 타락 사건과 더불어 흙으로 빚어진 인간이라는 사실 속에서 인간은 죽을 수밖에 없는 존재임을 각인 받고 있다. 그러나 한 줌의 흙에서 나와 다시 한 줌의 흙으로 돌아간다는 사실은 나에게 주어진 생명이 얼마나 고귀하고 값진 선물인가를 깨닫게 하며, 이 순간을 바르고 성실하게 살도록 촉구한다.

흙으로 빚어진 인간은 흙과 불가분리의 존재이기도 하다. 죄의 결과로 부과된 노동(창세기 3:17)이지만, 인간은 흙과 더불어 살고 흙과 더불어 일하는 노동하는 존재이다. 동시에 노동은 신성하다. 성서는 하나님을 '일하시는 하나님'으로 묘사한다. 하나님은 창조의 사역으로 일하셨고, 지금도 역사에 개입하여 일하고 계신다. 예수께서도 "내 아버지께서 이제까지 일하시니 나도 일한다"(요한복음 5 : 17)고 말씀하셨다. 우리가 직업을 가지고 일하는 것은 곧 하나님께서 우리에게 맡겨주신 소명(vocation)을 수행하는 것임을 소홀히 생각해서는 안 될 것이다.

인간은 피조물이지만, 특히 하나님의 형상을 닮은 존재이다. 성서는 하나님께서 흙으로 사람을 지으시고 생기를 코에 불어넣어 생령이 되게 하셨다(창세기 2:7)고 한다. 하나님은 다른 피조물과 달리 인간에게 존엄성을 부여하셨던 것이다. 하나님께서는 인간을 창조하시되 하나님의 형상(*Imago Dei*)을 따라 지으셨다(창세기 1:26). 이 점에서 인간은 다른 피조물과 다르다. 이 말은 인간이 곧 신의 경지에 들 만한 존재라는 뜻이 아니라, 하나님의 특별한 사랑을 받은 존재라는 뜻이다. 그래서 모든 피조물 중에 인간만이 종교를 통하여 하나님을 찾는다. 인간만이 자기 자신을 '하나님 앞에 선 존재'로 인식한다. 인간이 종교적 실존이라는 말은 이 뜻이다.

하나님의 형상을 닮았다는 것을 외형이 하나님과 유사하다는 뜻이 아니다. 이러한 생각을 '신인 동형론'(der Anthropomorphismus)이라고 하는데, 이는 오해에서 비롯된 해석상의 오류이다. 또한 하나님의 형상을 인간 속에 있는 신적인 어떤 속성(屬性) 정도로 이해하는 것도 옳지 못하다. 과거 기독교에서는 하나님의 형상을 이렇게 실체론적으로 해석하려고 시도해 왔으나, 최근 데카르트적 존재론의 비판과 더불어 하나님의 형상을 단지 실체론적-정태적인(static) 어떤 존재성으로 보려는 시각은 수정을 요청 받고 있다. 최근 하나님의 형상을 관계론적-동태적(dynamic)으로 이해하려는 반성이 일어나고 있다. 하나님의 형상을 하나님과 인간의 인격적 관계성으로 해석하자는 것이다.

하나님의 형상을 닮은 피조물인 인간에게는 특권과 의무가 있다. 창조하신 하나님의 뜻을 따라 살아야 하는 거룩하고 신성한 의무이다. 하나님께 영광을 돌리는 일이야말로 피조물의 최상의 과제이며, 이와 관련하여 우리는 하나님의 뜻을 가장 모범적으로 따르신 예수 그리스도를 기억할 필요가 있다. 예수께서는 '주기도문' 가운데 "(하나님의) 뜻이 하늘에서 이룬 것 같이 땅에서도 이루어지이다"(마태복음 6:10)라고 가르쳐 주셨고, 마지막 죽음의 위험 앞에서도 "나의 원(뜻)대로 마옵시고 아버지의 원대로 하옵소서"(마태복음 26:39)라고 기도하시고 십자가의 고난을 받으셨다. 여기에 우리의 의무를 알려주는 단초가 있다.

무엇보다도, 기독교적 인간이해의 핵심은 죄 지은 존재라는 것이다. 죄인으로서의 인간이야말로 기독교의 요점이다. 인간을 죄인이라 규정하는 것은 기독교의 독창적인 관점이다. 그리고 여기에 인간이해와 아가페에 대한 바른 이해의 실마리가 있다. 기독교가 말하는 인간의 죄는 도덕적 죄악이나 사회범죄를 의미하는 것이 아니라, 종교적 의미이다. 기독교는 본래적인 죄(*pecca essentiale*), 즉 원죄(原罪)를 문제 삼는다. 성서가 말하는 원죄란 하나님께서 인간에게 선물로 주신

'자유의지'를 가지고 선(善)을 추구하는 일에 사용한 것이 아니라, 도리어 하나님의 뜻을 거스리는 일에 사용한 사건을 말한다.

창세기에 따르면, 하나님은 그 창조사역의 마지막에 가장 위대한 걸작으로 인간을 창조하셨다. 모든 존재들은 말씀으로 지으셨으나, 인간은 유독 직접 수작업을 통해 소중한 존재로 만드셨고, 그에게 하나님과 대화할 수 있는 능력을 부여하시며, 자연과 우주의 관리를 위탁하셨다. 그러나 인간은 하나님처럼 되려는 교만(superbia)으로 말미암아 하나님의 뜻을 불순종하는 죄를 자행한다. 물론, 이 과정에 사탄의 유혹이라는 계기가 있기는 하지만, 죄의 본질은 인간 내부의 교만에서 나온 것이었다. 그것은 하나님의 명령을 무시하고 불순종하려는 교만의 표출이며, 자유의지의 남용이었다. 아담의 죄로 인하여 모든 인류에게 죄가 들어 왔다는 원죄론은 생물학적 유전을 의미하기 보다는, 인간 속에 내재하고 있는 죄의 보편성을 가리키는 말이다. 인간은 죄의 용서라는 은혜가 필요한 존재라는 뜻이다. 즉 인간은 구원을 받아야 할 존재라는 말이다.

여기에서 우리는 오랜 세월 반복적으로 제기된 질문을 반추해 볼 필요가 있다. 왜 하나님은 인간에게 자유의지를 주셨는가? 인간의 죄에는 조물주의 책임이 있는 것 아닌가? 자유의지가 없다면, 인간은 꼭두각시와 조금도 다를 바 없다. 자유의지는 인간에게 주신 굴레가 아니라, 선한 가치를 만들어 내도록 하는 원천이다. 하나님께서 주신 자유의지를 가지고 인간은 자유롭게 선과 악을 선택 할 수 있으나, 그것을 남용한 것이 문제가 된 셈이다. 인간은 순간순간 올바른 선택을 결단하며 살아야 한다. 자유의지가 선한 가치를 창출하도록 양심의 소리에 귀 기울여야 한다.

그러나 인간은 양심만으로는 진정한 선을 창출할 수 없는 나약한 존재이다. 그래서 인간은 예수 그리스도를 믿음으로 구원을 받지 않으면 안 된다. 여기에 앞서 언급한 종교적 실존으로서의 인간의 본질이 담겨 있다. 예수의 구원에로의 초대말씀이 있다. "하나님이 세상을 이처럼 사랑하사 독생자를 주셨으니 이는 저를 믿는 자마다 멸망치 않고 영생을 얻게 하려 하심이니라" (요한복음 3:16) 아가페의 자리는 바로 여기이다. 인간은 아가페의 대상이며, 인간이야말로 아가페를 필요로 하는 존재이다.

3 | 영 원 과 초 월 을 향 하 여

인간은 왜 아가페를 필요로 하는가? 죄인이라는 말의 참 뜻은 어떻게 새겨야 하는가? 인간의 유한성은 인간이 죄인이라는 사실을 잘 보여준다. 인간이 그의 창의성과 열정으로 이룰 있는 것이 많지만, 그렇지 못한 것이 더 많다. 테크놀러지의 발전을 통해 불치병과 난치병을 극복하려 노력하지만, 질병은 끈질기게 인류의 뒷덜미를 잡는다. 세계를 호령할 군사력으로 강력한 권력을 과시하려 하지만, 군사력을 통해서는 완전한 평화가 깃들 수 없으며, 불안과 갈등의 골이 깊어간다. 경제적 능력은 인간에게 무엇이든 얻을 수 있다는 자신감을 심어주지만, 생명을 바꿀만한 힘이 되지는 못한다.

질병, 가난, 고통, 그리고 죽음은 인간에게서 떠나지 않는 불가피한 굴레이다. 야스퍼스(K. Jaspers)가 말한 것처럼, 인간은 한계상황에 갇혀 있다. 그 누구도 죽음으로부터 자유로울 수 없으며, 경제력이나 군사력으로 영원한 자유와 영원한 평화가 보장되지도 않는다. 인간은 죽는 것이며(man is mortal), 상대적이고 가변적인 것들에 놀아나는 유약한 존재이기에 초월을 향하여 몸부림쳐 왔다.

인간은 선한 일을 행하고자 애쓰며, 바람직하고 합리적인 상식이 통하는 공동체를 만들려 하지만, 그리 쉽지 않다. 선한 일을 행하고픈 생각은 악한 일에 대한 유혹보다 몹시 약하다. 선한 일은 가르치기 힘들지만, 악한 일은 쉽게 배어나온다. 악에 대해 배우지 않았건만, 악한 생각은 불쑥불쑥 고개를 들고 터져 나온다. 그 어떤 성인도 악의 유혹에서 자유로울 수 없었고, 끊임없이 자신과의 싸움에서 승리하기 위하여 애써왔다. 인간은 스스로의 힘으로 선을 완성할 수 없다는 것인가? 우리는 그 대답을 여러 번 경험해 오지 않았는가?

어쩔 수 없는 죄인으로서의 인간이라는 말은 구원을 필요로 하는 존재라는 말과 같다. 인간은 스스로의 능력을 발휘하여 공을 세우고 상당한 재산을 축적하며, 위기를 헤쳐나갈 돌파구를 만들 수 있다. 그러나 그것이 영원하지는 않다. 또한 죄 문제에 대한 완전한 해결이 되는 것도 아니다. 하나님의 사랑, 아가페는 유약한 인간에게 영원을 바라볼 소망을 준다. 인간에게 한계상황을 극복할 활력이 된다. 아가페는 인간을 진정한 인간되게 하는 인간화의 능력이요, 모든 인류의 소망이다.

문제는 아가페에 대한 반응이다. 우리에게 아가페에 대한 희망의 줄이 있다. 인간에게 영원과 초월을 향하여 개방된 능력이 있다. 신학자 라너(K. Rahner)

의 말대로 비록 명시적이지 않더라도, 인간에게는 '초월을 향한 지향성'이 내재해 있다. 칼빈(J. Calvin)은 '신성의 감정'(*sensus divinitatis*)을 말한다. 슐라이엘마허(F. Schleiermacher)는 '절대의존의 감정'(das Gefühl der absoluten Abhängigkeit)을 말하기도 한다. 이러한 초월을 향한 이 지향성은 우리가 진지하게 내면세계를 깊이 파고들면 조용히 그 모습을 드러낸다.

그렇다면, 인간은 어떻게 초월을 향하여 나아갈 수 있는가? 실존철학자 키엘케고르(S. Kierkegaard)는 인간의 실존을 세 단계로 나누어 구분하면서 인간에 대한 성찰을 촉구한다. 그는 실존의 첫 단계를 심미적 실존(審美的 實存)이라고 불렀다. 인간에게 있어서 가장 기초적인 단계로서 쾌락을 추구하는 실존을 의미한다. 본능이 요구하는 미적 감각을 따라서 살면 쾌락이 증대될 것 같지만, 결국 육욕은 추구하면 할수록 불감증이 늘어나 진정한 쾌락 대신 공허감에 도달하고 만다. 정신적 만족이 결핍된 감각적 쾌락은 결국 허무에 당도하고 말기 때문이다. 이러한 일차원적인 심미적 실존으로는 본래적 삶을 찾을 수 없다. 여기에 보다 나은 삶을 위한 도약이 필요하다.

두 번째 실존 단계인 윤리적 실존은 이성과 양심의 질서를 존중한다. 윤리적 실존은 보다 나은 삶의 질을 향하여 진력한다. 악을 거절하고 선을 선택하는 의지를 발동한다. 자신뿐 아니라, 타자에 대한 책임감을 의무로 느낀다. 그러나 인간은 윤리적 명령이나 의무만으로 삶의 의미를 실현해 나가기에는 나약한 존재이다. 스스로의 힘에만 의존하고 있기 때문에 온갖 노력에도 불구하고 패배와 좌절감에서 벗어나기 힘들기 때문이다. 이성의 법칙과 윤리적 결단은 참으로 위대한 것이지만, 이것만으로는 진정한 선을 실현하기에 한계가 있다. 따라서 키엘 케고르는 실존의 마지막 단계, 종교적 실존에 몰입한다.

종교적 실존은 이성과 윤리가 감당하다가 놓쳐버린 삶의 깊이를 붙잡고 진지하게 씨름한다. 인간에게는 이성과 윤리만으로는 다 찾아질 수 없는 종교적 영역이 있기 때문이다. 이성과 윤리의 끝자락에 묻어 나오는 종교성이야말로 인간의 삶을 바르게 실현시킬 보고이다. 삶의 가치 또한 스스로의 힘에 의해 구현할 것이 아니라 하나님을 향한 믿음을 통해 획득하자는 것이다.

키엘 케고르는 종교성을 두 가지로 나누었다. '종교성 A'는 자연 종교를 말하며, 인간이 신(神)을 찾아가는 길로서, 진정한 종교성의 발현이 성취될 수 없다고 말한다. 중도에 길을 잃고 목적지까지 도달 할 수 없다는 것이다. '종교성 B'는 계시 종교라고 한다. 위에서 아래에로의 길, 즉 하나님이 인간을 찾아오시는 계시의 길이 그 핵심이다. 키엘 케고르에 따르면, 기독교야말로 하나님의 사랑의 표현인 예수 그리스도의 십자가의 위대함을 강조하는 위대한 종교이다.

말하자면, 아가페의 자리에서 인간은 그 참된 의의를 발견할 수 있다. 인간은 사랑하는 존재이며, 사랑받는 존재이다. 인간은 그의 능력만으로 사랑의 참 뜻을 완전히 깨달을 수 없으며, 일생토록 살며 사랑하며 배우며 사는 존재이다. 그 모든 배움의 종착지에 하나님의 위대한 사랑, 아가페가 우리는 반가이 맞이할 것이다. 바로 이것이 우리를 향한 기독교의 초대장이다.

더 생각해 볼까요?

>> 인간에 관한 질문은 누구나 한번쯤 깊이 생각해 보았을 주제입니다. 당신은 인간을 어떤 존재라고 생각했습니까?

_____

_____

_____

_____

>> 아가페의 대상이 되는 인간은 구원받아야 할 존재라고 합니다. 그 원인은 무엇이며, 어떻게 구원받을 수 있습니까?

_____

_____

_____

_____

>> 아가페는 영원한 사랑입니다. 아가페를 깨닫기 위해 인간이 해야 할 응답은 과연 어떤 것이어야 합니까?

_____

_____

_____

_____

아가페,
하나님에게서 비롯되다

Point Plus

>> 신(神)의 존재에 대하여 깊이 생각해 본 일이 있나요? 아마도 그런 생각을 하게 된 동기가 있을 것입니다. 주로 어떤 이유입니까?

>> 기독교에서 하나님의 존재를 덮어놓고 믿기만 하라고 한다면, 처음 듣는 사람 중에는 아마도 거부감이 있을 것 같습니다. 하나님의 존재에 대해 어떻게 합니까?

>> 하나님의 존재에 관한 질문도 중요하지만, 하나님을 어떤 분으로 보느냐 하는 것도 매우 중요합니다. 아가페와 하나님은 어떤 관계로 설명할 수 있을까요?

예루살렘에 남아있는 예수님의 십자가 고난의 길

1 | 하 나 님 은 존 재 하 시 는 가 ?

하나님의 존재에 관한 질문은 인류에게 공통된 질문이다. 답이 다를 뿐이다. 답에 따라 무신론자 또는 유신론자로 구별되기도 한다. 한 가지 생각할 것이 있다. 스스로 무신론자하 하는 사람 중에 판단유보자 또는 불가지론(不可知論, agnosticism)에 속하는 경우가 많다. 어떤 경우에는 신이 존재하는 것 같기도 하고 혹은 그렇지 않은 것 같다면 그는 불가지론에 가깝다.

신의 존재와 기독교에 깊은 관심이 없는 사람들이 스스로를 무신론자라고 말하는 것은 불가지론을 표현한 것으로 볼 수 있다. 그리고 불가지론적 태도는 회의론(懷疑論, skepticism)에 가깝다. 본래 회의론이란 냉소적인 태도를 말하는 것이 아니라 인식대상에 대한 인간의 인식능력을 의심하여 판단유보(epoche)를 내리는 것이 현명하고 보는 사람들의 주장이었다. 이 점에서 불가지론자는 기독교에 대해 적대적이거나 무관심할 수 있으나 동시에 기독교에 호의적일 수 있다.

무신론(無神論, atheism)에서는 신의 존재에 대한 무관심이나 의심을 넘어 신의 존재 자체를 부정한다. 엄밀히 말한다면, 진정한 무신론자는 인간중심주의자이다. 예를 들어 포이엘바하(L. Feuerbach)는 신 개념 자체가 문제라고 말한다. 신은 존재하지 않으며, 인간의 욕구와 희망사항들을 투사하여 만든 허구라는 것이다. 그는 인간이야말로 이 세상의 중심이라고 한다. 마르크스(K. Marx)는 한 걸음 더 나아가 신 개념 뿐 아니라 종교 자체를 부정한다. 그에 따르면, 종교는 인민의 아편이다. 현실에 대한 변혁의지 없이 천국의 보상만 기대하게 만드는 종교는 필요없다는 것이다.

철학적 무신론 이외에 감정적 무신론 또는 현실적 무신론도 있다. 현실의 부조리, 악한 세력의 승리는 하나님의 존재를 의심하도록 우리의 감정을 부추긴다. 누군가 말한 것처럼, 이 세상에서 악이 승리하는 것 보다 우리를 더욱 당혹스럽게 하는 것은 선한 사람들이 고난을 당한다는 것이다. 정의감에 불타는 사람들은 악에 대한 응징과 선의 승리라는 당연한 명제가 왜 시행되지 않는가를 질문하며 신의 존재에 대해 의심하기도 한다.

무신론을 넘어 살신론(殺神論)을 주장하는 사람도 있다. 니체(F. Nietzche)는 인간을 유약한 순종적 존재로 전락시키는 신은 죽었다(Gott ist tot)고 선언한다. 그는 신에게 굽신거리는 나약한 존재이기를 넘어서 초인(übermensch)이 되어야 한다고 주장한다. 대부분의 경우 니체가 신의 저주를 받아 정신병으로 죽었다고 말하지만, 일부에서는 니체의 의도가 과학기술시대를 위한 신앙의 갱신을 말한 것이라고 주장하기도 하며, 왜곡된 기독교에 대한 비판이었다는 주장도 있으나, 그 평가는 쉽지 않다.

만일, 신에 관한 과격한 언급들이 무신론과 인간중심주의에 이르지 않고 비판을 통해 바람직한 기독교 만들기에 훈수를 둔 것으로 수용될 수 있다면, 그것은 일종의 비판 또는 비평이라 해야 할 것이다. 럿셀(B. Russell)이 〈나는 왜 기독교인이 아닌가?〉에서 말한 내용들이나 요나스(H. Jonas)가 환경문제에 대한 논의에서 '신은 이제 늙어서 팔짱이나 끼고 있다. 신이 우리를 도와 줄 것이라고 기대하지 말고 우리가 신을 도와야 한다'고 말한 것도 비판론에 속할지 모르나, 참된 관심이 결여된 비판은 또 다른 의미에서 비판의 대상이 될 것이다.

진정한 의미의 무신론은 그리 쉽지 않다. 신에 관한 생각의 차이 또는 무관심에서 나오는 표현에 가장 보편적으로, 그리고 무반성적으로 무신론이라는 표현을 사용하지만 그것은 진정한 무신론이라기보다는 '관심없음' 또는 '관심적음'을 뜻하는 것이라 해야 할 것이다. 어찌보면 엄밀한 의미에서의 인간중심주의를 주장하는 사람들까지도 그 내면에 생득적으로 부여된 영원에 대한 동경이 있기에 신에 대한 생각들을 부정적으로 표현할 수 있었던 것은 아닐까?

2 | 신 존 재 증 명 과 신 앙 고 백 을 통 하 여

하나님의 존재에 대한 여러 도전들에 대해 기독교는 여러 방법으로 응답할 수 있다. 불가지론자들에게는 기독교에 대한 왜곡과 편견을 벗겨줄 합리적이고 타당한 근거들을 제시할 수 있을 것이며, 비판론자들에게는 겸허한 자기반성의 자세와 함께 참된 관심의 필요성을 제안할 수 있을 것이다. 이 두 가지는 우리의 이야기들을 통하여 지속적으로 시도될 것이므로, 인내와 관심으로 참여하는 노력만 있다면 충분히 해소될 것으로 기대한다.

가장 힘겨운 상대인 무신론자들에게는 유신론의 논증들을 소개할 수 있다. 특별히 기독교의 하나님에 대한 논증은 철학자들과 신학자들의 주된 논제였다. 신 존재증명(神存在證明)이 그것이다. 무신론은 고대세계로부터 제기되었으며, 근현대철학을 통하여 더욱 뚜렷해졌다. 이에 상응하여 유신론을 지탱하는 철학적 논증들이 지속적으로 제안되었다. 신 존재증명의 방식에는 여러 유형이 있으며, 숙고된 사변과 논증이 그 골격을 이룬다. 존재론적 증명, 우주론적 증명, 도덕론적 증명 등 다양한 형태의 신 존재증명은 현대의 지성인들이 음미할 내용들을 담고 있다.

본체론적 증명은 안셀무스(St. Anselmus)의 주장으로 알려져 있다. '그보다 더 큰 것을 생각할 수 없는 가장 위대한 존재'(*id quo maius cogitari non potest*)라는 개념을 통해 신의 존재를 증명하는 방식이다. 이러한 존재는 생각 속에만 존재하는 것이 아니라, 실재(reality)로서 존재한다는 것이 그 핵심이다. 가장 큰 존재라는 개념을 들었을 때 그것을 이해할 수 있으며, 그 존재는 이해는 되나 실재하지 않는다면, 실재하는 것보다 크다고 할 수 없다. 이러한 증명에 대해 '생각 속에 있는 완전한 섬'을 '실재하는 섬'으로 동일시할 수 있느냐 하는 가우닐로 (Gaunilo)의 반박도 있었으나, 안셀무스가 신 존재증명의 논리적 기초를 추구했다는 것은 뜻깊은 일이다.

우주론적 증명과 목적론적 증명은 토마스 아퀴나스(St. Thomas Aquinas)가 주장한 것으로서, 아리스토텔레스의 철학을 기독교적 관점에서 수용하고 종합한 것으로 평가된다. 그는 다섯 가지 방법을 제안한다. 첫째와 둘째 방법은 결과에는 원인이 있다는 인과율에 기초한 것으로서, 소급추론을 적용하였다. 첫째, 운동으로부터의 증명에서는 모든 운동의 시작이 되는 동시에 자신은 다른 것에 의해 움직여지지 않는 존재가 있어야 한다는 사실에 주목하게 한다. 토마스는 그러한 부동의 원동자(the unmoval mover)를 보편적으로 신이라 부른다는 점을 주지시킨다. 둘째 방법은 인과의 계열에서의 증명으로, 제1원인(the first cause)을 논증하는 것이며, 형식상 첫째 논법과 같다.

토마스의 증명에서 가장 두드러진 것은 셋째 방법으로, 필연유(the necessary being)를 논증하는 것이 그것이다. 모든 존재자는 '존재'와 '본질'로 구성된 합성실체이며, 존재자체인 신은 존재와 본질이 일치하는 단순실체로서, 모든 존재자들의 존재의 근원이다. 합성실체들은 모두 존재자체로부터 존재를 부여받아야 한다는 의미에서 우연적 존재들이며, 합성실체로서의 모든 존재자들의 존재 근거로서의 필연적 존재를 인정하지 않을 수 없다는 것이다. 넷째 방법은 완전성의 단계로부터의 논증으로, 최고완전자(the greatest)의 존재를 증명하는 것이다. 다섯째 방법은 목적론적 연쇄에 있는 우주의 궁극목적(the ultimate goal)로서의 신 존재 증명으로서, 오케스트라의 지휘자에 해당하는 존재로 이해하면 되겠다.

도덕론적 증명이라 불리우는 칸트(I. Kant)의 주장도 생각해 볼 수 있다. 그러나 그의 주장은 의도적인 신 존재증명이라기 보다 신의 존재를 요청한다. 그에 따르면, 인간의 이성은 순수이성과 실천이성으로 구분되며, 도덕의 영역에 해당하는 실천이성이 신의 존재를 요청한다. 칸트에게 있어서 인간은 자유의 존재로서 선과 악을 행할 수 있으며 영혼은 불멸한다. 이것은 인간의 행위에 대한 심판은 현세에서 충분히 이루어지지 않으며, 사후의 세계에서라도 분명한 도덕적 심판이 있어야 도덕이 성립할 수 있다는 의미에서 선과 악의 최종적 심판자로서의 신이 요청된다는 주장이다.

그 밖에 신의 존재를 증명하는 방법으로 여러 유형을 들 수 있으나, 우리는 철학적 논증으로서의 신 존재증명에서 가장 두드러진 유형들을 살펴보았다. 그러나 이성에 의한, 논리에 의존하는 신 존재증명에는 한계가 있다. 반박논리가 제기될 수 있을 뿐 아니라, 지식으로 그치게 될 가능성이 크기 때문이다. 더구나 신 존재증명에 대해 마음을 열지 않고 수용하지 않으면 의미가 없다. 토마스 아퀴나스가 말한 것처럼, 신 존재증명은 하나님께 이르는 길을 안내하는 가이드로서, 하나님에 대한 지식의 문 앞까지 인도해 준다. 하나님에 대한 진정한 지식은 신학을 통하여 밝혀지며, 삼위일체(三位一體, trinity)를 포함한 하나님의 신비는 신앙을 전제로 하는 신학적 성찰을 통해 만날 수 있다.

이러한 의미에서 신 존재증명보다 더 설득력있는 응답은 신앙고백에 있다. 파스칼(B. Pascal)이 말한 것처럼, 기독교의 신은 철학자의 하나님이 아니라 '아브라함과 이삭과 야곱의 하나님'이시기 때문이다. 신 존재증명의 구체적인 전개방식을 암기하는 것 보다 마음을 열어 하나님의 존재와 그 인격을 수용하고 신앙으로 고백하는 것이 가장 강력하고도 분명한 신 존재증명일 것이다. 더구나 하나님은 증명을 넘어 고백의 대상이시며 철학자들과 신학자들의 두꺼운 책에서 발견되는 분이시기에 앞서 우리의 구체적 삶의 맥락에서 체험되어야 할 절대자이시기 때문이다.

3 | 하 나 님 은   아 가 페 이 시 다

하나님과의 만남과 신앙의 고백 이후에 논증과 이론은 더욱 힘을 얻을 것이다. 하나님과의 만남을 말하는 것은 기독교의 하나님이 인격적 존재이심을 전제한다. 하나님은 고대의 정령숭배 또는 토템사상(totemism)이나 물활론(物活論, animism)에 속하는 존재가 아니다. 범신론(汎神論, pantheism)으로도 설명되지 않는다. 유일신론(唯一神論, montheism)에 속하는 신관 중에서도 인격적 존재로서의 하나님을 신앙하는 기독교는 그 고유한 신앙의 고백을 통하여 삶의 현장에서 하나님을 인생의 주(主, the Lord)로 고백한다.

하나님에 대한 신앙고백은 사도신경(The Apostle′s Creed) 첫마디, '전능하사 천지를 만드신 하나님 아버지를 내가 믿사오며'에 가장 명백하게 요약되어 있다. 하나님은 전능하신 분시며 천지의 창조주이시며 아버지 하나님의 모습으로 만나야 할 분이며 고백의 대상이다. 이것은 또한 성서가 말하는 하나님의 모습이며, 하나님에 대한 신앙고백을 통해 비로소 우리는 진정한 기독교를 향한 여정을 시작할 수 있다.

전능하신 하나님(God the almighty)은 무소불위(無所不爲), 무소부재(無所不在)를 비롯한 여러 수식어를 통해 신학적으로 설명될 수 있다. 신학적 이론들에 앞서 우리는 하나님의 전능(全能, *omnipotentia*)을 삶의 현장에서 기대하고 예측하며 경험함으로써 하나님을 만나고 신앙을 고백할 수 있는 존재이기도 하다. 우리는 상대적 존재들이며 유한한 존재들이나 하나님은 절대적 존재이시며 영원한 존재이시기 때문이다. 전능하신 하나님을 만날 때, 일찍이 키엘케고르(S. Kierkegaard)가 말했던 '신 앞에 선 단독자'의 경험을 공유할 수 있을 것이다. 인간은 하나님의 무한하신 능력 앞에 겸허하게 응답해야 하는 존재이며, 하나님 앞에서 가장 진솔한 인간의 모습을 발견하게 될 것이다.

창조주 하나님(God the creator)은 생태계를 포함한 우주의 주인이신 하나님에 대한 고백이다. 하나님은 모든 것을 무로부터 창조(*creatio ex nihilo*)하신 분이시며, 호흡하는 모든 존재의 생명을 주관하시는 분이다. 자연은 스스로 그렇게 된 것 같으나, 하나님의 창조에서 나온 것이며, 우리는 하나님의 오묘한 섭리과 이치를 자연과 우리의 육체를 통해서도 체험한다. 하나님은 모든 존재의 근거이신 존재자체이시다. 그 분은 모든 존재자들에게 존재를 부여하시는 삶의 원천이시며, 생태공동체의 주인으로서, 창조의 걸작인 인간에게 생태학적 각성과 책임을 촉구하시는 분이다.

아버지 하나님(God the father)은 사랑의 하나님, 구원의 하나님에 대한 고백이다. 하나님은 전능하신 능력으로 우주를 창조하시며 이끌어 가시지만, 폭군이 아니라 사랑의 하나님이시다. 하나님은 인간을 사랑하시어 비록 죄인 되었음에도 불구하고 그를 구원하시고자 예수 그리스도를 보내셔서 십자가의 사건으로 구원을 성취하시는 사랑과 구원의 아버지이시다. 여기에는 성서를 통해 보여주신 인간에 대한 사랑의 하나님과 죄에 대한 심판의 하나님의 모습이 모두 반영된다. 아버지 하나님은 그의 사랑과 구원의 경륜을 따라 인간을 용서하시며 구원하시어 그리스도 안에서 새로운 피조물이 되게 하신다. 그러므로, 아버지 하나님에 대한 고백은 인간이란 무엇이며 인간은 왜 하나님을 만나야 하는지를 가장 분명하게 깨닫게 한다. 이러한 신앙의 고백을 한마디로 요약한다면, 하나님은 사랑이시다.

아가페이신 하나님은 인격적인 사랑의 관계 속에서 만날 수 있다. 무신론을 비롯한 기독교에 대한 적대세력 및 기독교에 대한 무관심은 기독교의 역사만큼이나 오래 되었다. 예수님 당시 종교지도자들이 그 대표적인 예라 하겠다. 예수님의 사역에 대해 시비를 걸고 말 한마디까지 트집을 잡아 율법적 논쟁거리를 삼았던 일은 고대와 중세 및 근현대사회에서 지속적으로 반복되고 있다. 더구나 포스트모던으로 대변되는 현대사회에서 하나님을 찾아 떠나는 노력이 종교인들만의 몫으로 버려진 것 같은 이 시대에, 무신론은 많은 사람들의 침묵과 무관심 속에 더욱 기세를 더해가는 것은 아닐까?

신에 대한 무관심과 무신론의 득세는 기독교에 대한 강력한 도전이라는 점에서 매우 안타까운 일이 될 수 있으나, 다른 한편으로 기독교로 하여금 자기반성과 갱신의 기회가 될 수 있다. 무관심과 무신론의 도전은 단지 신에 대한 논의 그 자체에 한정된 것이 아니라 또 다른 배경에서 나온 것일 수 있기 때문이다. 그것은 일차적으로 기독교를 바라보는 사람들의 잘못된 이해에서 나온 것일 수 있다. 동시에 기독교 내부의 왜곡과 잘못된 모습에서 나온 것일 수 있다. 이러한 의미에서 우리는 기독교에 대한 올바른 이해와 함께 바람직한 기독교를 위한 실천적 노력에

게을리 해서는 안될 것이다.

특히 현대한국사회라는 맥락에서 본다면, 기독교의 하나님에 대한 관념이 일 그러졌을 가능성이 없지 않다. 전통적인 샤머니즘적 정서와 종교혼합주의적 시도 는 성서가 말하는 하나님을 기복신앙의 하나님으로 왜곡했을 가능성이 없지 않다. 더구나 구원에 관한 책임적 의미의 유일신 신앙이 일방적이고 독선적인 모습으로 변질되었을 가능성은 없었는지 겸허히 되짚어 보아야 하겠다. 더구나 교회가 대 형화되면서 경영마인드 또는 성공시대적 발상에 의해 교회공동체가 이끌려가는 것은 하나님에 대한 성서적 관념은 물론이고 교회에 대한 올바른 이해를 왜곡시킬 가능성이 있다는 점을 유념해야 할 것이다.

그러므로 우리에게 필요한 것은 하나님에 대한 올바른 이해와 신앙과 고백과 함께 한국기독교의 바람직한 변화의 노력이다. 이제까지 성서적 신앙에 바로서서 하나님에 대한 올바른 신앙고백을 유지해 왔다면, 그것을 상실하지 않도록 더욱 더 노력해야 할 것이며, 성서가 말하는 하나님에 대한 올바른 신앙고백을 토대로 삶의 변화와 문화적 변화를 추구해야 할 때가 온 것이다.

일찍이 종교개혁자 칼빈(J. Calvin)이 말한 것처럼, 우리는 하나님 앞에서 (*coram deo*)의 삶을 회복하는 노력이 필요하다. 삶의 모든 과정이 하나님의 섭리 안에 있으며, 인간은 오직 하나님의 영광을 위하여(*soli deo gloria*) 살아가는 존재라는 점을 기억해야 한다는 것이다. 또는 웨슬리(J. Wesley)가 말한 것처럼 성화(聖化, sanctification)의 삶을 위한 노력이 있을 때, 비로소 하나님에 대한 소개와 기독교에 대한 올바른 이해의 전제가 마련될 것이다. 이러한 의미에서 하 나님의 존재증명과 신앙의 고백은 삶의 변화를 통하여 입증되고 구현되어야만

한다. 그것이야말로 무신론의 도전을 향한 가장 강력한 유신론적 응답이 될 것이기 때문이다.

한 가지 덧붙인다면, 하나님에 대한 지식(knowing God)은 사변적 논의를 통해 결정될 수 없다는 것이다. 무신론에 속하는 사람이나 신 존재증명을 수용하는 사람이나 가릴 것 없이 가장 분명하고 적절한 하나님에 대한 지식은 하나님과의 만남에서 얻을 수 있을 것이다. 여기에서 말하는 만남이란 스케줄에 의해 정해진 만남 혹은 스스로 통제가능한 만남이라는 일상적 의미의 만남(meeting)이 아니다. 오히려 우리의 통제를 넘어서는 것이며 우리가 일정을 정해놓고 마음대로 만날 수 있는 단순한 만남을 넘어선다. 그것은 종교적이고 실존적인 의미의 만남(encounter)이다.

마틴 부버(M. Buber)가 말한 것처럼 인간은 관계맺음을 통해 존재한다. 자아에 대한 이해 역시 타자와의 관계맺음으로 가능하며, '나'와 '너'의 관계 속에 존재한다. 인간과 인간의 관계는 인격적 관계맺음을 통해 비로소 의미를 찾게 된다. 만일 이러한 관계맺음이 본질을 벗어나 왜곡되어 소유적 관점에서 상대방을 이용하거나 그 관계를 수단으로 사용하는 경우, '나와 너'(I and you)의 관계는 '나와 그것'(I and it)의 관계로 변질되어 버린다.

문화인류학자 말리노프스키(B. Malinowski)의 주장에서 볼 수 있는 것처럼, 신비한 능력 혹은 초자연적 현상을 자신의 목적을 위한 수단으로 사용하는 주술(呪術)과 그 자체를 목적으로 삼는 종교는 구분되어야 한다. 만일 하나님을 이기적인 목적성취를 위한 수단으로 삼고 인간이 스스로 결정한 일들을 이루기 위해 신통력을 빌려주는 존재로 전락시킨다면, 그것은 참다운 기독교신앙이 아니다. 기복(祈福)을 위해 신앙을 이용하고 인간의 뜻대로 일이 진행되어야만 하나님의 축복이라 말하는 것은 앞뒤가 바뀐 한심한 일이 아닐 수 없다.

하나님에 대한 올바른 지식은 신학서적이나 논문 속에 있는 것이 아니다. 그보다 앞서 하나님과의 '나와 너'(I and You)의 인격적 만남을 통해 계시(啓示)된다. 그것은 스쳐 지나가는 만남이 아닌 대문자 '당신'(You)과의 거부할 수 없는 만남이다. 이 만남을 통해 하나님에 대한 진정한 지식을 얻게 된다. 브루너(E. Brunner)가 말한 것처럼 성서적 진리는 하나님에 의해 예수 그리스도와의 만남을 통하여 인간에게 계시되었기 때문이다.

분명히 인간은 관계적 존재이며 여러 형태의 만남 속에 살아간다. 가깝게는 부모와의 만남을 통해 세상에 태어나고 친구와의 만남을 통해 또래집단에 소속되며 인생의 반려자와의 만남을 통해 가정을 이룬다. 마치 김춘수가 '꽃'이라는 시에서 읊조린 것처럼, 서로의 이름을 불러주었을 때, 몸짓에 지나지 않던 그가 나에게로 와서 꽃이 된다. 인간은 이 모든 만남을 통해 관계적 존재가 되며 서로에게 의미있는 존재가 된다. 그리고 이 모든 만남을 넘어 가장 소중한 만남, 절대자이신 하나님과의 만남은 하나님에 대한 진정한 지식과 인간과 세계에 관한 올바른 지식을 얻게 하는 원천이 될 것이다. 바로 그곳이 하나님을 찾아 떠나는 여행의 종착지이자 새로운 출발지이다.

더 생각해 볼까요?

>> 아가페의 원천이신 하나님의 존재에 관한 생각들이 다양합니다. 그 중에서 불가
지론과 무신론의 차이는 무엇입니까?

_____

_____

_____

_____

>> 하나님의 존재를 증명하는 여러 방법 중에서 하나님을 필연적 존재로 설명하는
방법은 어떤 내용으로 구성되어 있습니까?

_____

_____

_____

_____

>> 하나님은 아가페이십니다. 아가페의 사랑을 베푸시는 하나님을 향한 인간의 마
땅한 응답은 무엇이어야 합니까?

_____

_____

_____

_____

아가페,
예수께서 구현하시다

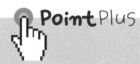

Point Plus

>> 예수 그리스도는 어떤 분입니까? 평소에 듣던 내용과 그동안 가지고 있던 내용들을 종합해서
   요약한다면, 어떻게 말할 수 있을까요?

>> 아가페와 예수 그리스도는 어떤 관계입니까? 왜 예수 그리스도는 십자가에 희생되어야 했는
   지 생각해 봅시다.

>> 예수 그리스도에 대한 일반적인 인상은 기독교에 대한 이해의 척도가 될 수 있습니다. 아가페
   의 구현자로서의 예수란 어떤 뜻일까요?

오병이어 기념교회에 새겨진 예수님의 기적

1 │ 베 들 레 헴 에 서 갈 보 리 까 지

    아가페에 대한 진정한 이해에 이르기 위해서는 예수 그리스도를 올바로 이해하여야 한다. 이것은 예수 그리스도에 대한 오해와 편견을 극복해야 함을 의미하는 것이기도 하다. 일반적으로 예수 그리스도에 대해 가질 수 있는 관점은 인류 4대성인의 한 사람이라는 생각이다. 소크라테스, 공자, 싯다르타와 함께 예수는 인류의 위대한 스승으로 간주된다. 그러나 이것은 보편적인 상식이면서도 예수 그리스도에 대한 오해와 편견에 속하는 것이기도 하다. 예수 그리스도가 인류를 위한 스승이기는 하지만, 그것보다 더 소중한 사명을 지닌 분이시기 때문이다.

    예수 그리스도를 민중운동 또는 인권운동의 선구자로 생각하는 사람들도 있었다. 정치적 투쟁의 선봉에 선 운동권 기수로 이해하려는 관점은 현대사회를 갈등구조에 넣어 보려는 사람들에게서도 나타나지만, 이미 예수 당시의 군중들에게서도 나타난 바 있다. 예수는 이스라엘의 오랜 식민생활을 청산할 수 있는 독립운동

가로 여겨졌으나 그가 정작 로마의 권위에 의해 십자가형에 처해졌을 때, 예수는 실패한 정치운동가로 평가되고 말았다. 그러나 이것 역시 예수의 진정한 사명에 대한 오해에서 비롯된 생각들 중 하나에 불과하다.

그런가하면 예수 그리스도를 기적의 치유자로, 소원성취의 초능력자로 보려는 사람들도 있다. 예수의 이름으로 병을 고치고, 예수의 이름을 믿으면 안되던 일들도 잘되고 어려운 가정사도 원만하게 해결되는 놀라운 일들이 생겨난다는 생각에만 사로잡혀 있는 사람들에게 예수 그리스도는 위대한 스승도, 인권운동이나 독립운동가도 아닌 초능력자요 신통력이 뛰어난 존재로 오해되기 쉽다. 복음서에서 예수께서 병자를 치유하고 소외된 자들을 위로하신 것은 사실이지만, 그것을 진정한 예수의 사명이라고 생각하는 것 역시 예수 그리스도의 진실에 해당하지 않는다.

기독교는 예수 그리스도를 하나님의 구원을 이루시기 위해 오신 분으로 고백한다. 예수 그리스도의 생애는 구원자로서의 모습을 보여준다. 베들레헴에서 갈보리 언덕에 이르기까지 33년의 삶은 하나님의 극진한 사랑을 보여준다. 예수 그리스도의 생애 처음 30년은 용어상 사생애(私生涯, private life)라 구분하며, 성탄절 성육신(成肉身, Incarnation)의 사건에서부터 예수의 성장과 메시야로서의 본격적인 활동을 준비하는 기간에 해당한다. 그의 고향은 베들레헴이지만 그가 자라난 곳은 나사렛이었기 때문에 그를 나사렛 예수라고 부른다.

예수 그리스도의 탄생과 성장기의 이스라엘이 처한 정치적, 종교적 정황들은 그의 메시야로서의 삶에 관한 상징성을 지닌다. 이스라엘은 로마제국의 식민통치 하에 있었으며 로마가 임명한 분봉왕 헤롯에 의한 로마꼭두각시 정치와 로마가

파송한 총독에 의한 착취와 폭정의 암울한 상황에 놓여 있었다.

정치적 상황 외에도 종교적 형편은 더욱 실망스러웠다. 이스라엘의 종교는 사분오열 상태에 빠져있었다. 사두개파(Sadducee)는 종교 본연의 사명보다는 정치적 결탁과 타협에 급급했고, 세력있는 종파였던 바리새파(Pharisees)는 율법을 강조한 나머지 지나치게 형식적이고 진실없는 종교로 전락하고 있었다. 엣세네파(The Essenes)는 은둔주의적 종교였으며 젤롯파(The Zealots)는 극단적인 무력대항을 감행하는 등 백성의 등불이 되어야 할 종교 마져도 극단적 분열상태에 빠져 희망을 찾을 수 없는 암울한 상태였다.

이러한 정치적, 종교적 난맥상 속에서 유대인들은 메시야(Messiah)의 날이 오기를 학수고대하여 왔다. 이러한 시기에 예수께서 탄생하셨다는 것은 메시아에 대한 대망으로 가득찬 사람들에게 한줄기 희망의 빛이요, 그의 탄생은 언약을 성취하기 위한 것이었으나 예수 당시에 그의 메시야됨에 대한 진실을 모르는 어리석음과 오해가 팽배해 있었다.

30세에 예수는 드디어 공생애(公生涯, public life)를 시작하였다. 예수는 요단강에서 세례자 요한에게 세례를 받고 성령에 이끌리어 사탄의 시험을 극복한다. 예수는 돌로 떡이 되게 하라는 유혹에 대하여 "사람이 떡으로만 살 것이 아니요 하나님의 입에서 나오는 모든 말씀으로 살 것이라"(마4:4, 신8:3)는 말씀으로 사탄을 물리쳤다. 성전 꼭대기에서 뛰어내리라는 유혹에 대하여 "주 너의 하나님을 시험하지 말라"(마4:7, 신6:16)는 말씀으로 사탄을 격퇴하였다. 그리고 천하만국의 영광을 주겠다는 유혹에 대하여 예수는 "주 너의 하나님께 경배하고 다만 그를 섬기라"(마4:10, 신6:13)는 말씀으로 사탄에 대항하여 승리하였다.

예수 그리스도는 하나님의 나라를 위한 메시지를 선포하며 수난의 장소 골고다에 이르는 고난의 길을 향한 인류구원의 위대한 행진을 계속하였다. 예수는 갈릴리(Galilee) 호수에서 고기잡이하던 베드로(Peter)와 안드레(Andrew)를 사람낚는 어부로 부르신 것을 기점으로 12제자를 선택하고 하나님의 나라를 선포하는 복음의 행진을 계속하였다. 광야의 초원에서 물고기 다섯 마리와 보리떡 다섯 개로 5천명을 먹인 일, 많은 병자들을 치유한 일 등은 메시야로서의 모습을 보여주는 행위들이었다.

예수의 예루살렘 선교는 주로 메시야 문제와 하나님 나라의 문제를 중심으로 진행되었다. 하지만 종교지도자들은 예수의 가르침을 그들의 교권에 대한 도전으로 간주했고 예수를 박해하려는 음모가 진행되었고 이들의 계략은 가룟 유다를 매수하여 예수를 체포하는 일로 이어졌다. 예수는 신성모독의 죄목으로 십자가형을 언도받고 침묵 속에서 온갖 능욕과 곤고를 당하였으나 하나님의 뜻을 이루시기 위해 순종하였다. 사흘 후 하나님께서는 예수를 부활시키심으로 그가 곧 메시야이심을 확증하셨다. 빈무덤의 사건은 예수께서 십자가 위에서 죽었으나 하나님의 능력으로 교회의 주님으로 부활하심을 말해준다. 이 사건에 대한 진실한 신앙의 고백을 부활신앙이라고 부른다.

2 | 회 개 하 라 , 천 국 이 가 까 이 왔 다

예수 그리스도의 선포 가장 앞에 오는 단어는 회개(悔改)이다. 실수에 대한 후회나 유감을 표명하는 외교적 용어가 아니다. 한 순간 즉흥적인 선행이나 감정적인 카타르시스에 이르는 것도 아니다. 회개는 인격의 변화이며, 삶의 방향전환이다. 새로운 사람이 되기 위한 옛 모습의 탈피이다. 동시에 하나님을 향하여 방향을 전환하는 유턴(U-Tern)이다. 하나님을 떠나 죄를 향하던 사람이 죄에서 벗어나 하나님께로 돌아가는 것이요, 하나님이 기뻐하시는 삶을 사는 것이다. 옛 생활의 청산이며 하나님의 사랑에 대한 가장 본질적인 응답이다. 방향전환의 기점(Turning Point)은 예수 그리스도이다. 예수는 인간이 죄의 길에서 돌이켜 하나님을 향하는 삶을 살도록 이끄신다. 죄를 청산하고 새로운 존재로 거듭나야(born again)한다.

거듭난 새로운 존재를 초청하여 축제를 벌이는 곳이 하나님 나라(Kingdom of God)이다. 하나님 나라의 선포는 예수 교훈의 핵심이다. 예수의 모든 설교와 비유적 교훈의 주제였으며, 선교활동의 궁극목표였다. 하나님 나라 개념은 유대인들이 전통적으로 지녀온 정치적이고 민족적인 메시야사상을 진정한 의미에서 완성시키는 것이었다. 그것은 민족과 지역과 정치체제라고 하는 정치적 개념의 작은 틀을 넘어선다. 인류를 대상으로 하며, 인간의 근본적인 변화를 목표로 삼는다.

예수 당시의 유대인들은 오랜 기간 나라없는 설움과 식민생활에 지쳐 있었고, 하나님께서 보내신 예언자들의 메시야사상에 심취해 있었다. 미래의 어느 순간에 메시야적 영웅이 나타나면 이스라엘민족의 정치적 식민지생활이 청산되고 모세의 율법을 따라 통치하는 이스라엘의 민족국가를 건설할 수 있으리라는 것이다. 그들은 메시야를 정치적이고 군사적인 승리자로 오해하였으나, 이사야 선지자는 메시야가 고난의 종으로 오실 것이라고 말하였고, 그 약속이 예수 그리스도에게서 성취되었다.

예수 그리스도가 선포하는 하나님의 나라는 정치적이고 군사적인 맥락에서 이해되는 것이 아니라 죄의 노예상태로 전락해버린 인간을 해방시키는 우주적이고 인격적이며 내면적인 뜻을 지닌다. 하나님 나라는 하나님이 통치하시는 곳이다. 예수께서 '회개하라. 하나님의 나라가 가까이 왔다'고 선포하신 것은 하나님과 원수되고 죄악으로 치닫던 삶을 벗어나 진정한 생명과 평화를 누리는 언약성취가 임박했음을 뜻한다. 인간의 마음에서 죄로 인한 불안과 근심, 좌절과 죽음의 공포를 몰아내고 하나님이 주시는 영원한 생명과 평화를 누리게 하는 즐거움의 소식이다. 십자가의 고난과 부활은 구원의 문을 열어놓았고, 복음에 대한 믿음을 가진 사람들은 하나님의 백성이 될 수 있는 길이 열린 것이다.

예수께서는 또한 하나님 나라의 백성들이 행할 새로운 윤리적 과제를 선포한다. 하나님 나라의 백성은 세상의 소금이요 빛(마5:13-14)이다. 소금처럼 부패를 방지하고 어두움을 폭로해야 한다는 것이다. 올바른 길을 비추어 주는 빛처럼 하나님 나라의 백성들의 새로운 존재가 되어야 한다는 것이다. 즉 질적변혁을 요구하신 것이다. 나아가 하나님 나라의 백성들은 기도가 변화되고 삶이 변화되어야 한다. 세속적이고 기복적이며 외식적인 기도를 일삼기 보다는 하나님 앞에 진실된 기도와 삶을 살아야 한다는 것이다. 예수께서 가르치신 기도의 모범인 주기도문(The Lord′s Prayer)은 진정한 기도를 위한 대안이다.

> 하늘에 계신 우리 아버지여
>
> 이름이 거룩히 여김을 받으시오며
>
> 나라이 임하옵시며
>
> 뜻이 하늘에서 이룬 것 같이
>
> 땅에서도 이루어지이다
>
> 오늘날 우리에게 일용할 양식을 주옵시고
>
> 우리가 우리에게 죄지은 자를 사하여 준 것 같이
>
> 우리 죄를 사하여 주옵시고
>
> 우리를 시험에 들게 하지 마옵시고
>
> 다만 악에서 구하옵소서(마6:9-13)

3 | 너 희 는 나 를 누 구 라 하 느 냐 ?

영화 '쿼바디스'에는 로마의 박해당시 기독교 신앙을 드러내어 말할 수 없던

상황에서 물고기 그림을 암호로 사용한 장면이 나온다. 신기하게도 물고기 암호 그림은 기독교 신앙을 보여주는 다섯가지 머리글자를 모아놓은 것과 통했다. 그리스어 물고기를 뜻하는 단어 "ιχθυς"는 예수(ιησους)의 첫글자 "ι"를 가져왔고 "χ"는 그리스도(χριστως)에서, "θ"는 하나님(Θεος)에서 왔다. "υ"는 아들(υιος) 의 첫 글자이며 "ς"는 구원자(σωτερια)의 이니셜이다. 물고기를 그린다는 것은 "예수 그리스도는 하나님의 아들이시며 구세주이십니다"를 뜻했고 "나는 그리스도 인입니다"하는 신앙고백이었다.

신앙은 고백을 토대로 한다. 예수께서 가이사랴 빌립보 지방으로 가시는 길에 제자들이 속닥거렸다. 예수께서 어떤 분이신가 하는 것이었다. 두런두런 들리는 소리들을 듣고 예수께서 물으셨다. 너희는 나를 누구라 하느냐? 제자들은 앞다투어 예수께 대한 주변의 평가들을 전하였다. 그들은 시중의 소문을 전하는 형식으로 자신들의 의견을 표현했을지도 모른다. 그들은 세례요한, 엘리야, 예레미야의 이름을 들먹였고 선지자 중 하나라고 말하는 사람도 있다고 전했다.

그러자 예수께서 그들에게 묻기를 "너희는 나를 누구라 하느냐?"하고 질문을 던졌다. 이 질문 앞에 베드로는 이렇게 대답하였다. "주는 그리스도시요 살아계신 하나님의 아들이시니이다" 예수께서 베드로의 신앙고백 위에 교회를 세우실 것이라고 말씀하셨다. 예수께서 던지신 "너희는 나를 누구라 하느냐?"하는 질문은 제자들에게만 해당되는 것은 아니다. 오늘의 우리에게도 동일하게 적용된다. 예수 그리스도, 그는 누구인가? 이 질문에 대한 답은 예수 그리스도에 대한 인물연구나 일대기에 대한 검토를 통해 주어지는 것이 아니다. 신앙고백으로 확정될 질문이다.

예수 그리스도에 대한 가장 올바른 이해는 사도신경(The Apostles' Creed) 에 있다. 사도신경은 근본적인 신앙고백이요, 신앙의 유산이자 전통이다. '그 외아들 우리 주 예수 그리스도를 믿사오니'라고 하는 것은 삼위일체론적 신학을 배경으로 한다. 하나님의 외아들(獨生子)라는 표현이 들어간 것은 나사렛 예수가 자연인이 아니라 우리를 위해 오신 그리스도이심을 고백하는 것이다. 예수라는 단어는 '여호와의 구원'이라는 뜻이며, 그리스도라는 말은 직책명이다. 이는 구약에서 히브리어로 표기한 메시야를 그리스어로 옮긴 것으로서 왕, 제사장, 선지자가 취임할 때, 그들에게 종교적 상징성을 지닌 기름을 부어주는 행위를 통하여 취임을 표시했다. 따라서, 그리스도라는 말은 진정한 평화의 왕으로 오시는 예수, 이 세상의 모든 죄를 대속하시는 대제사장으로서의 예수, 그리고 우리를 향한 하나님의 뜻을 선포하시는 예언자로서의 예수에 대한 고백이다.

'이는 성령으로 잉태하사 동정녀 마리아에게서 나시고'의 고백은 과학적 시각을 가진 현대인에게 많은 논란거리가 될 수도 있겠다. 그러나 이는 신앙고백이다. 동정녀에게서 탄생하셨다는 것은 예언의 성취요, 죄 없으신 분이심을 보여준다. 동정녀를 통한 탄생은 위대한 하나님의 구원사역이라는 지평에서 이해될 수 있으며 인류를 향한 하나님의 초자연적인 관심과 사랑의 표현이다.

'본디오 빌라도에게 고난을 받으사 십자가에 못 박혀 죽으시고'는 그리스도의 구원사역의 핵심을 담고 있다. 그리스도는 인간의 죄에 대한 대가를 치르시기 위해 십자가를 지셨고 고난을 받으셨다. 십자가는 최초의 인간 아담과 이브가 저지르고 인간에게 세습되는 원죄(original sin)의 문제에 대한 해결책으로서, 우리의 죄를 대신지고 십자가를 감수하셨다는 신앙의 고백이다. '장사한지 사흘 만에 죽은 자 가운데 다시 살아나시고'는 그리스도의 죽으심과 부활하심에 대한 고백이다. 그리스도인에게 위대한 희망을 준다. 그리스도는 죽음의 권세를 극복하시고 부활하셨으며 그리스도를 따르는 자들에게도 영원한 생명과 부활에 관한 소망을 심어주었다.

'하늘에 오르사 전능하신 하나님 보좌 우편에 앉아 계시다가'는 부활하시고 승천하신 그리스도에 대한 고백이다. 그리스도는 십자가의 고난을 이기고 부활하셨다. 또한 하늘에 오르셔서 이 세상을 은혜로 통치하신다. 기독교인들이 그리스도의 은혜를 힘입어 힘겨운 세상에서 능력있는 신앙생활을 영위할 수 있음을 일깨우는 대목이다. '저리로서 산 자와 죽은 자를 심판하러 오시리라'는 고백은 역사의 종말에 있을 그리스도의 심판에 관한 고백이다. 기독교는 역사의 시작과 종말을 강조하는 직선적 역사관을 지니고 있다. 역사의 마지막에 모든 사람은 하나님 앞에서 심판을 받게 될 것이며, 그리스도는 하늘로 올리우신 그대로 재림하여 세상을 심판하시며 영원한 승리를 누리며 새 하늘과 새 땅에서 영원한 평화의 자리에로 우리를 인도하여 주실 것이라는 고백이다.

이제 스스로에게 질문할 차례이다. 예수 그리스도를 얼마나 알고 있는가? 예수 그리스도는 우리의 근본적인 문제 해결자이시다. 삶의 허무와 불안을 치유하는 근본적인 대책은 우리들 스스로에게서 나오지 않는다. 아담과 이브는 하나님이 부여하신 하나님의 형상을 따라 행복한 삶을 살 수 있었으나, 교만으로 인해 하나님과의 관계를 단절하였고 인간은 영원한 추방의 존재, 나그네가 되었다. 끊어진 관계를 회복하기 전에는 누구도 자유로울 수 없으며 불안과 허무를 극복할 수 없다.

서양력의 기원이 예수 그리스도의 탄생을 기점으로 삼는다는 것은 상징성이 있다. 기원전(B. C : Before Christ)과 기원후(A. D : *Anno Domini*)의 구분에 비추어 본다면, 예수 그리스도는 우리들 삶과 역사의 전환점이다. 예수 그리스도만이 유일한 비상구이며 대안이다. 단절된 하나님과 인간의 관계를 근본적으로 해결하는 십자가를 지신 분이시기 때문이다. 그분을 만나는 순간 진정한 해방과 성취를 누릴 수 있을 것이며 삶의 근본적 변화를 맛볼 수 있을 것이다.

더 생각해 볼까요?

>> 아가페의 사랑은 예수께서 가장 잘 구현하셨습니다. 아가페의 주인공이신 예수의 생애를 구분하는 기준과 내용은 어떤 것이 있습니까?

_____

_____

_____

>> 아가페와 회개는 어떤 관계라 할 수 있습니까? 특히 회개한다는 것은 내용상으로 어떤 특징이 있습니까?

_____

_____

_____

>> 아가페의 구현자이신 예수 그리스도에 대한 신앙고백을 읽으면서 당신은 주로 어떤 부분에 어떤 인상을 가지고 있습니까?

_____

_____

_____

아가페, 에로스를 압도하다

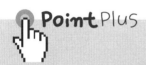

Point Plus

>> 아가페란 무엇인가요? 평소에 가지고 있던 상식을 총동원하여 아가페에 대해 설명해 보세요. 어느 정도나 말할 수 있습니까?

>> 아가페와 에로스는 어떻게 차이가 납니까? 특히 에로스의 특징들은 어떤 것이 있는지 생각해 보고, 아가페와 비교하여 봅시다.

>> 아가페를 실천한다는 말은 무슨 뜻일까요? 예수 그리스도처럼 또 한번의 희생이 필요하다는 것인가요? 아가페의 실천방법에 대해 생각해 봅시다.

예수님께서 산상수훈을 선포하신 팔복교회

1 | 아 가 페 가 기 독 교 되 게 한 다

　기독교는 본래 그리스도(Christ)를 믿는 신앙을 기초로 한다. 발음에 가깝게 그리스도교라 부르기도 하며, 그것을 한자로 쓸 때, 기독교(基督敎)가 된다. 말하자면, 기독교는 예수를 메시야, 곧 그리스도로 믿는 종교이다. 메시야 개념은 인간의 구원을 위한 하나님의 약속에서 나왔다. 히브리어를 희랍어(또는 그리스어)로 옮기는 과정에서 그리스도라는 단어가 사용되었고, 그것이 오늘날 기독교의 어원적, 사상적 근간이다. 기독교를 아가페의 종교라 부르는 것은 예수 그리스도를 구세주로 고백하는 신앙에서 비롯되었다.

　예수 그리스도의 제자로 천국복음을 직접 듣고 전한 사도요한에 의하면, 하나님은 사랑이시다(God is love: 요한일서 4장 8절). 영어나 우리말에서 사랑은 한 단어이지만, 내용과 본질이 각각 다른 사랑들이 있기 때문이다. 하나님의 사랑, 아가페(*agape*)는 이성 간의 사랑, 에로스(*eros*)와 구분된다. 우정, 또는 벗

사랑이라 할 수 있는 필리아(*philia*)도 아니다. 모성애를 바탕으로 하는 핏줄기사랑, 스톨게(*stolge*)로도 아가페를 설명할 수 없다.

아가페가 사랑인 것은 분명하지만, 매우 독창적이다. 아가페는 기독교의 모든 것을 담아낸다. 아가페가 없으면 어떤 것도 기독교적인 것일 수 없다. 아가페의 본질에 관한 여러 논의가 있어왔다. 우리는 신학자 니그렌(A. Nygren)에게서 아가페를 우리에게 친숙한 에로스와 비교하여 설명했던 이야기를 찾을 수 있다. 니그렌의 상당히 두꺼운 책, 〈아가페와 에로스〉(Agape and Eros; the Christian idea of love)에서 우리는 몇 가지 중요한 단서를 본다.

첫째, 아가페는 자발적이며 비동기적이다. 하나님의 사랑은 외부에서 오지 않고 하나님 자신이 원인이시다. 자발적인 사랑이라는 뜻이다. 동시에 하나님의 사랑은 그 대상이 되는 인간에게서 그 어떤 매력적 동기를 찾지 않는다. 조건없이 사랑하신다는 뜻이다. 이와 달리 에로스는 이끌리는 사랑이며 동기부여적이다. 대상에 관한 동기가 부여되어야 하고 이끌려야 하는 사랑이라는 뜻이다.

둘째, 아가페는 가치에 치우치지 않는다. 하나님의 사랑은 거룩한 사람들에게 한정되지 않는다. 세리와 소외된 자를 편견없이 사랑하시며 그들을 구원하신다. 어찌보면, 인간이 가지고 있는 가치의 틀을 뒤집어 놓는다. 사랑받아 마땅한 사람과 가치있는 사람만 관심의 대상이 되는 것이 아니라는 뜻이다. 이와 달리 에로스는 인간수준에서 세워놓은 가치에 얽매여 있다. 매력과 조건이 매우 중요한 요소가 되는 것이 우리들 사랑의 한계인 셈이다.

셋째, 아가페는 창조적이다. 아가페는 사랑할만 하기에 사랑하는 것이 아니다. 사랑함으로써 가치를 부여한다. 가치를 창조하는 사랑이다. 자격이 없는 자를 불러 사랑하시며 자격있다고 귀히 여기시는 사랑이다. 천하를 주고도 바꿀 수 없는 인간 영혼의 존엄을 귀하게 보신다. 그의 계급이나 배경은 문제시되지 않는다. 모든 인간의 죄를 용서하시되 차별없이 용서하시며 품어주시는 사랑이다. 안타깝게도 에로스는 창조적이지 못하다. 그 비슷한 흉내를 낼 수 있을지 몰라도 한계가 있고, 완전하지 못하다는 아쉬움을 떨칠 수 없다.

넷째, 아가페는 하나님과 사귈 수 있게 한다. 또는 하나님의 주도적인 사랑이다. 하나님과 인간 사이에 막힌 담을 허시고 인간과 대화하시며 인간을 존귀히 여기시는 온전한 사랑이다. 하나님과 만날 수 있는 통로가 아가페이다. 하나님께서 먼저 인간에게 오시며, 인간과 교제하시고 인간을 인간다운 존재로 만들어 가신다. 이와 달리 에로스는 끌리는 사랑이다. 그 표현을 누가 먼저 적극적으로 하느냐의 차이는 있겠으나 아가페적 의미에서처럼 주도적인 것은 아니다.

말하자면, 아가페는 자발적이고 비동기적이며 무제한적이고 무조건적인 사랑이다. 니그렌의 설명을 인용하자면, 아가페는 '─에도 불구하고'(in spite of ─)의 사랑이다. 에로스는 '─ 때문에'(because of ─) 사랑이다. 그에 따르면, 에로스는 욕망과 동경에서 비롯하는 획득적 사랑이다. 또한 인간에게서 신에게로 올라가려는 사랑이다. 그리고 개인의 동경을 중심으로 하는 자기중심적 사랑이다. 이와 달리 아가페는 하나님께서 인간에게 내려오시는 사랑이며, 자기희생을 통한 인류구원의 사랑이다.

2 │ 값 비 싼 은 혜 , 값 없 는 아 가 페

아가페는 조건없는 자기-내어줌(self-surrender)이 사랑이다. 죄인으로 전락한 인간을 사랑하시어 하나님께서는 내어주심의 사랑으로 구원의 길을 열어 놓으셨다. 그것은 본질상 값으로 환원할 수 없는 크신 은혜이다. 그러나 하나님은 인간에게 그 값을 요구하지 않으신다. 인간의 공로와 업적에 의해 구원되는 것이 아니라, 오직 아가페의 은혜가 구원에 이르게 한다. 구원은 댓가나 조건이 따라붙지 않는다. 오직 주도적 사랑으로 인간에게 베풀어진다. 선물로 주시는 구원인 셈이다. 인간에게는 값비싼 은혜를 소중히 여기며 은혜에 응답하는 자로 살아야 할 책임이 있다.

기독교는 이러한 값비싼 은혜를 통한 구원의 종교이며, 값없이 내어 주시는 사랑의 종교이다. 예수 그리스도의 생애와 사역은 구원을 위한 아가페의 구현이었다. 구원이라는 말은 여러 가지 관점에서 설명될 수 있겠으나 구원의 종교로서 기독교가 강조하는 것은 죄악과 고난에서의 해방이다. 성서는 인간이 처한 모든 한계상황과 결핍과 갈등이 죄로 인한 것이라고 선언한다. 실존주의철학자 키엘케고르의 용어로 하자면 죄인된 인간은 죽음에 이르는 병에 걸려 있다. 고독, 공포, 절망하는 인간의 모습이 그것이다.

인간의 모든 문제들 중에서 죄의 문제 보다 더 심각하고 근본적인 것은 없다. 기독교가 강조하는 구원의 근본적인 요점은 죄의 문제에 대한 해결에 있다. 창세기에 나타난 아담과 하와의 이야기에 나온 것처럼 죄의 본질은 하나님 중심적 삶에서 하나님 없는 인간중심적인 삶을 향하여 떠나간 일탈이다. 그것은 하나님과의 올바른 관계의 훼손이며, 하나님없이 살려고 발버둥치는 인간은 자신이 영원한 존재가 아니며 피조물에 지나지 않는다는 점에서 한계상황에 갇히고 말았다.

그렇다면, 인간이 죄로부터의 구원을 얻을 수 있는 길은 무엇인가? 크게 두가지 방법이 있다. 그 하나는 스스로의 노력을 통한 구원이다. 자력구원을 주장하는 사람들 중에는 인생의 정도에서 한 치의 어긋남도 없는 도덕적이고 올바른 삶을 살면 된다는 경우가 대부분이다. 그런가하면 경제적 성공과 번영 및 과학기술의 발전을 통해 인간의 무기력함과 한계를 극복할 수 있다는 사람들도 있다. 고독과 허무의 탈출구를 향락과 도취에서 찾으려는 사람들도 있다. 그러나 우리는 이 모든 방법들이 온전하지 않음을 경험적으로 알 수 있다. 키엘 케고르의 저작에서 볼 수 있는 것처럼 향락을 추구하는 삶이나 도덕만으로 온전해지려는 노력은 이내 절망에 이르며, 진정한 종교를 향한 신앙의 도약이 요청된다.

기독교는 인간의 자력구원을 신뢰하지 않는다. 인간은 피조물에 지나지 않는 상대적인 존재이기 때문이다. 더구나 인간은 이미 하나님을 떠난 일탈자로서 자유를 상실하고 죄의 노예가 되어 있기 때문에 스스로의 노력을 통해 구원받을 길이 없다. 기독교는 인간이 구원을 필요로 하는 존재임은 분명하지만, 구원은 내부에서 나오는 것이 아니라 절대자이신 하나님에게서 오는 것임을 강조한다. 말하자면 인간은 스스로의 힘으로 구원을 이룰 수 없고, 구원을 '받아야 하는' 상태에 있다. 이러한 인간을 위하여 우리 밖에서(*extra nos*) 우리를 위한(*pro nobis*)구원의 길을 제시한 것이 바로 복음인 것이다. 그리고 그 핵심은 예수 그리스도이시다.

예수 그리스도께서 구원의 핵심이라는 것은 십자가와 부활의 사건을 통하여 가장 분명하게 설명된다. 그리스도는 '세상 죄를 지고 가는 하나님의 어린 양'으로, '고난의 종'으로 오셨으며 십자가의 희생을 통하여 메시야로서의 직임을 수행하시고 모든 죄인에게 구원의 길을 열어주셨다. 고난의 길, '비아 돌로로사'(*via dolorosa*)의 좁은 길을 따라 골고다로 향하신 그리스도의 고난은 서적이나 영상물에서 볼 수 있는 심각한 육체적 고통의 상상만으로는 설명할 수 없는 더 깊은 의미와 은혜를 담고 있다.

예수 그리스도의 십자가는 죄의 노예로 전락해 버린 모든 인간을 해방시키기 위한 대속(atonment), 속량(satisfaction), 대리(substition) 행위이다. 이것은 예수 그리스도의 십자가 사건이 예수 자신의 죄목으로 희생된 사건이 아니라 죄인된 모든 인류를 위한 대표적이고 대속적인 희생이라는 뜻이다. 이것은 마땅히 죽음에 이르는 병에 의해 좌절과 죽음에 직면할 수 밖에 없는 인간을 대신하여 예수 그리스도께서 십자가에 희생되심으로써 죄인들이 구원받을 길을 열어 놓으셨다는 것을 뜻한다.

예수 그리스도의 십자가는 모든 인류를 향한 하나님의 사랑을 보여주는 사건이다. 그리스도의 희생은 죄로 인해 구원받지 못할 인간을 용서하시며 새롭게 하시려는 하나님의 은총적 사건이며 사랑의 계시라 할 수 있다. 인간은 하나님을 배신하고 하나님 없는 삶의 환상을 찾아 떠나갔으며, 마땅히 징벌을 받아야 함에도 불구하고 하나님은 인간을 용서하시기 위하여 예수 그리스도를 십자가에 대신 죽게 하신 것이다. 우리는 십자가를 통해 세상을 사랑하시되 독생자를 희생시키면서 인간을 구원하시는 사랑의 하나님을 볼 수 있어야 한다.

예수 그리스도의 십자가는 하나님을 떠나 죄인으로 살아가는 인간을 하나님과 화해하게 하는 은혜의 사건이다. 십자가는 죄인된 인간과 하나님을 다시 연결해주는 것이며, 하나님에게서 떠나서 어긋나버린 인간으로 하여금 하나님을 만나게 함으로써 하나님과 인간의 올바른 관계를 회복시킨다. 어떤 의미에서 십자가는 수직적으로 하나님과 인간과의 관계의 회복이며 수평적으로 인간과 인간의 관계 회복을 상징적으로 보여준다. 인간이 하나님을 떠났을 때, 그것은 하나님과 개인의 관계에 문제가 생긴 것일 뿐만 아니라 이웃과의 관계 역시 평화의 관계에서 갈등과 경쟁 및 반목의 관계로 변질시킨 비극이었다. 이것은 죄인으로서의 인간이 그 어떠한 제도와 방법을 따라 평화를 모색하고 갈등없는 삶을 살려고 해도 근본적으로 하나님과의 관계에 문제가 있는 죄인들이기 때문에 내면의 평화가 없으며 죄악의 흔적인 시기와 경쟁으로 가득차 진정한 평화에 도달할 수 없음을 말해준다. 국가 간의 평화, 지역 간의 화해, 인간과 인간의 조화는 근본적으로 인간성 내부에 자리한 죄의 쓴뿌리를 제거할 때 가능하며, 그 요점은 하나님과의 관계회복에 있다. 이러한 의미에서 예수 그리스도의 십자가는 온전한 관계의 회복과 진정한 평화의 성취를 위한 핵심이라 하겠다.

예수 그리스도의 십자가와 부활이 오늘 우리의 구원과 어떻게 연관되는가? 이것은 인간의 구원이 종교적 업적이나 도덕적 노력을 통해 이루어지는 것이 아니라 예수 그리스도의 십자가와 부활을 믿음으로써 얻는 은혜의 사건이다. 기독교는 공로주의를 배격하고 신앙에 의한 구원을 강조한다. 이것은 구원이 하나님의 은혜주도적인 사건임을 보여준다. 인간의 입장에서 볼 때, 구원은 이룩하거나 성취할 수 있는 것이 아니라 얻는 것이며 참여하는 것이며 고백하는 것이다. 구원에 이르는 모든 과정의 주도권은 하나님께 있다. 인간이 자신을 죄인이라고 깨닫게 되는 것과 예수 그리스도를 입으로 시인하여 신앙으로 고백하는 모든 일은 인간의 이성적 선택에 의한 것이 아니라 하나님의 은혜에 의해 주도되고 있다는 것이다.

　이러한 의미에서 믿음이란 선포된 복음(kerygma)을 받아들이는 것을 뜻한다. '예수께서 우리를 위하여 죽으시고 부활하셨다'고 받아들이는 것을 의미한다. 하나님께서 천하 인간에 구원을 얻을만한 다른 이름을 주지 않으신(행4:12) 절대적 구원을 예수님을 통하여 성취하셨으며 하나님께서 그리스도를 통하여 이루신 구원이 나의 죄인됨에 대한 온전한 치유책이라고 믿는 것을 말한다. 예수 그리스도의 십자가와 부활사건이 나를 위한 것임을 수용하고 고백할 때 구원은 그 효력을 발생한다. 이것이야말로 현대인을 향한 복음의 초청장이다. 2천년전 팔레스타인의 사건을 오늘 나를 위한 것으로 고백하는 것이 우리의 과제이다.

3 │ 하 나 님 　 사 랑 , 　 이 웃 사 랑 의 　 아 가 페

　아가페를 통해 인간의 구원을 이루신 예수 그리스도의 은혜에 인간은 신실한 신앙의 응답을 마땅한 의무로 지닌다. 그것 역시 사랑이라는 말로 옮길 수 있으나, 아가페에 대한 응답이라는 점에서 감사의 윤리, 감사의 책임적 응답이라 할 수 있다. 우리는 그 응답의 핵심을 사랑의 새 계명에서 찾을 수 있다.

예수 그리스도의 가르침은 하나님 사랑, 이웃 사랑의 정신으로 요약된다. 예수 그리스도는 모든 계명 중에서 첫째가 무엇이냐고 묻는 한 서기관에게 '네 마음을 다하고 목숨을 다하고 뜻을 다하고 힘을 다하여 주 너의 하나님을 사랑하라'고 말씀하였고, '네 이웃을 네 몸과 같이 사랑하라'(마가 12:31)고 하였다. 또한 하나님 사랑과 이웃 사랑의 두 계명은 온 율법과 선지자의 강령(마태 22:40)이며 율법의 완성이라고 선언한다. 이것은 모세에게 주신 십계명에 반영된 정신이다. 제1계명에서 제4계명까지는 하나님에 대한 사랑을, 제5계명에서 제10계명까지는 이웃에 대한 사랑을 가리키는 것이라 할 수 있다.

예수 그리스도가 강조하는 하나님에 대한 사랑은 인간의 노력을 통해 하나님에게 이르는 공로주의적 사상이 아니라 하나님의 은총과 사랑에 대한 온전한 응답과 책임적 자세를 촉구하는 것이라 할 수 있다. 하나님께서 죄로 인해 죽을 수밖에 없는 인류를 구원하시기 위해 예수 그리스도를 희생하신 사랑은 아가페의 사랑이며 이에 대한 온전한 순종과 신앙의 자세를 갖추는 것이 하나님에 대한 사랑이라고 할 수 있다.

예수 그리스도가 선포한 하나님 사랑의 정신은 하나님의 은총적 사랑, 곧 값없이 선물로 주시는 구원에 대한 온전한 헌신과 응답을 촉구하는 것으로 볼 수 있다. 하나님의 은총에 대한 감격을 상실하고 하나님의 말씀을 살아있는 말씀으로 받지 못할 때, 율법은 문자와 규정에 지나지 않을 것이며 '종교'라는 또 다른 짐이 될 것이다. 율법은 인간이 죄인이라는 사실을 깨닫게 하며 하나님의 용서와 구원을 기다리는 존재가 되어야 함을 보여주기 위한 것이었다. 예수 그리스도의 가르침은 바리새 율법주의가 율법 그 자체에 대한 집착과 위선적인 자랑으로 상실해버린 하나님의 사랑에 대한 진실한 응답의 자세를 회복하고 새롭게 하려는 것이었다.

하나님에 대한 사랑과 헌신은 이웃사랑에로 이어져야 한다. 특히 선한 사마리아 사람의 비유에 나타난 것처럼 이웃은 민족이나 인종의 테두리에 제한되지 않으며, 우리의 도움을 필요로 하는 모든 사람을 이웃이라고 할 수 있다. 이러한 의미에서 하나님의 은총적 사랑에 감격한 사람들은 이웃을 향한 사랑에 인색해서는 안되며 특히 고난받는 사람들의 이웃이 되어야 한다는 것이다. 예수 그리스도가 선포한 하나님 사랑, 이웃사랑의 정신은 율법의 근본정신을 구현하는 것이요, 그것이 곧 하나님의 뜻이라는 사실을 명쾌하게 보여준다.

예수 그리스도는 율법에서 규정한 사랑의 계명을 근본적으로 혁신하셨다. 이웃은 사랑하고 원수를 미워하라는 율법은 원수까지도 사랑하라는 계명으로 대치되었다. 그리고 제자들에게 명령하였다. '새 계명을 너희에게 주노니 서로 사랑하라 내가 너희를 사랑한 것 같이 너희도 서로 사랑하라'.(요13:34) 사랑의 새 계명은 낭만적이고 감상적인 것이 아니다.

예수 그리스도가 선포한 새 계명으로서의 사랑은 죄인을 불쌍히 여기며 그 영혼의 구원을 위하여 힘쓰는 선교적 열정에서 나오는 사랑이라고 할 수 있다. 예수 그리스도가 많은 병자들을 치유하며 가난한자들의 삶에 동참하고 죄인들의 친구가 되었던 모든 일은 이러한 사랑의 표본이다. 예수 그리스도는 인간을 자격과 조건을 따라 판단하지 않고 그의 내면에 있는 영혼의 소중함을 먼저 보고, 죄 때문에 억눌려있는 영혼의 진정한 자유와 해방을 위하여 하나님의 은총적 사랑에 돌아오도록 인도하는 데 힘썼던 것이다. 사랑의 새 계명은 이러한 맥락에서 영혼

구원을 위한 사랑의 중요성을 강조한다.

　예수 그리스도가 선포한 사랑의 새 계명은 하나님과의 올바른 관계를 회복한 사람들의 윤리적 책임을 보여주는 것이기도 하다. 구원받은 사람들은 그 삶을 시간적이고 유한한 것에 집착하여 자기중심적인 삶을 사는 것이 아니라 이웃의 아픔과 필요를 돌보아 주며 하나님의 사랑을 나누어 줄 수 있는 새로운 존재로 살아가야 한다는 것이다. 말하자면 새 계명으로서의 사랑은 하나님 나라의 백성이 된 사람들이 지녀야 할 새로운 윤리적 자세이며 과제라 하겠다.

　나아가, 예수 그리스도의 새 계명은 원수사랑이라는 가치의 혁명으로 이어진다. 눈은 눈으로 이는 이로 갚으라는 구약의 동해보수법(同害報讐法)을 빌미로 앙갚음과 미움과 시기를 일삼던 사람들에게 전혀 새로운 가르침이었다. 오른편 뺨을 치거든 왼편도 돌려대며, 송사하여 속옷을 가지고자 하는 자에게 겉옷까지도 가지게 하며, 억지로 오리를 가게 하거든 십리를 동행하라는 것이다(마 5:39-41). 튀어 보이는 주장으로 매스컴의 주목을 받으려는 제스쳐가 아니었다. 아가페적 사랑은 원수까지도 사랑하는 것임을 깨우치신 것이다. 외형적 업적을 자랑하는 인간의 모든 공로주의적 시도를 반박하신 것이다. 스스로 내어주심의 사랑을 값없는 선물로 받은 인간이 마땅히 실천해야 할 계명을 보여주신 것이다. 진실과 온전함을 회복한 새로운 존재로 거듭나야 할 것을 강조하신 것이다.

더 생각해 볼까요?

>> 아가페와 에로스를 비교하였던 니그렌의 주장을 따라 볼 때, 아가페의 특징들은 어떤 것이 있습니까?

_____

_____

_____

>> 값비싼 은혜를 값없이 주셨다는 것은 어떤 뜻입니까? 특별히 예수께서 십자가에 서 희생당하신 것과 연관지어 볼 때, 어떤 뜻이 있습니까?

_____

_____

_____

>> 하나님사랑과 이웃사랑을 어떤 방법으로 실천에 옮길 수 있을까요? 그리고 원수 사랑의 계명은 과연 어떤 의미입니까?

_____

_____

_____

아가페, 공동체를 이루고 역사가 되다

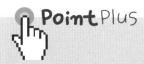

Point Plus

>> 십자가로 상징되는 교회공동체의 특징은 무엇입니까? 교회에 모인 사람들은 주로 어떤 사람들이라고 할 수 있습니까?

>> 교회건물들이 많아졌습니다. 교회에 대한 평소의 이미지는 어떤 것들입니까? 교회는 무엇을 위해 모여야 할까요?

>> 한국의 기독교가 잘못하고 있는 부분과 잘하고 있는 부분을 각각 구분하여 이야기해 봅시다. 앞으로 무엇을 더 잘했으면 좋을까요?

순교로 기독교 신앙을 지킨 폴리캅

1 │ **예 루 살 렘 에 서 땅 끝 까 지**

　구원의 복음은 팔레스타인 지역에 가두어 둘 수 없는 위대한 생명운동이었다. 예루살렘의 에피소드로 그칠 뻔했던 복음은 부활과 예수의 제자들의 성령충만으로 폭발적인 확산을 기약하였다. 오순절(Pentecost 五旬節, 행2:1-13)에 제자들은 성령충만을 체험하였으며, 부활신앙을 기반으로 최초의 교회를 탄생시켰다. 교회는 교권을 탐하는 인간적 욕망으로 이루어진 단체도 아니며 친목단체 또는 예수의 행적을 기념하는 기념사업회가 아니었다. 교회는 성령의 능력으로 활성화되고 성령의 인도하심에 의한 고백과 헌신의 모임이었다.

베드로

갈릴리 어부였던 베드로의 본명은 시몬이다. 반석이라는 뜻의 베드로라는 이름은 그의 신앙고백 이후에 붙여졌다. 갈릴리 호수에서 고기잡이를 하던 중 "나를 따라 오라" 하시는 예수의 말씀에 이끌려 '사람낚는 어부'로 부르심을 받은 그는 가이사랴 빌립보의 길목에서 "너희는 나를 누구라 하느냐" 하시는 예수의 질문에 신앙을 고백한다. "주는 그리스도이시요 살아 계신 하나님의 아들이시니이다"(마16:16) 이 신앙고백의 기초위에 교회를 세우시겠다고 약속하신 그리스도의 말씀처럼 초대교회가 시작되었을 때 그는 교회의 대표격에 해당하는 지도력을 발휘하였다. 베드로가 수석제자 혹은 위대한 사도(Apostle)로 자리매김하게 된 것은 오순절 마가의 다락방 성령강림 사건 이후이다. 자연인 시몬은 겁약하였지만 복음으로 거듭나고 성령충만을 힘입은 베드로는 위대한 사도가 되었다. 그의 설교를 듣고 하루에 삼천명이나 회개하는 기적을 행하였으며 앉은뱅이를 일으켜 세우는 신유의 능력도 행하였다. 초대교회의 정신적 지주였으며 극심한 박해의 시기에 복음을 위해 순교하였다. 주님을 세 번이나 부인했던 부끄러움에 십자가에 거꾸로 매달려 순교했다.

그러나 하나님의 나라를 확장하려는 기독교적 생명운동이 손쉬운 것은 아니었다. 열정과 선교에의 꿈을 지닌 제자들에게 시련과 박해가 기다리고 있었다. 당시 세계의 지배자였던 로마제국은 정치적 종교적 이유에 의해 기독교를 혹독하게 박해하였고, 종교적 기득권을 지키려는 유대교 지도층에 의한 조직적이고 잔학한 박해까지 감행되었다. 훗날 위대한 기독교의 수호자가 된 바울도 본래 기독교에 대한 박해자였다.

요한(John)

예수 그리스도의 사랑하는 제자 요한은 제4복음서인 요한복음과 요한 1, 2, 3서 및 요한계시록을 기록한 사도이다. 아마도 그는 사도들 중에 가장 나중까지 살아남아 복음을 증거하던 증인이었을 것이다. 사랑의 사도라 불리울 만큼 "사랑하는 자들아 우리가 서로 사랑하자"고 반복적으로 역설하였다. 노(老)사도는 사랑의 진정한 실천을 기대하면서 동일한 메세지를 반복한 듯 싶다. 신약 유일의 묵시문학이자 신약의 마지막 책인 요한계시록은 밧모섬에 유배되어 환상 중 받은 말씀들로서, 그리스도인들에게 새 하늘과 새 땅에 대한 소망을 심어주는 종말론적 묵시록에 해당한다. 초대교회의 사도들 중에 가장 오랫동안 생존하면서 신앙의 지도자 역할을 수행했고, 복음을 전한다는 이유로 유배된 밧모섬에서 기름가마에 던져져서 장렬히 순교한 것으로 알려진다.

바울의 등장은 기독교 역사에 중대한 변화를 가져온다. 예수 그리스도를 영접하기 전 바울은 전형적인 랍비교육에 충실했던 인물로서 유대교에 대한 열심이 극심하여 기독교 박해에 앞장선 사람이었다. 스데반의 순교는 기독교 최초의 순교사건으로 기억되며, 바울은 이 일의 책임자를 자처했을 정도로 기독교에 대한

반대세력에 속해 있었다. 그러나 그가 또다른 박해를 다마스커스로 가는 길에 부
활하신 예수는 바울을 만나시고 그의 삶을 기독교의 박해자에서 기독교의 수호자
요 기독교를 위한 순교자로 변화시켰다.

바울(Paul: 1 - 65 ?)

'바울이라 불리우는 사울'은 세계선교를 위해 선택된 하나
님의 그릇이었으며 기독교 신학의 기초를 놓았다. 유대교
의 골수분자로 성장했고 초대교회를 핍박한 사람이었지
만 다마스커스로 가는 길에 환상 중 예수를 만난 이후
세계복음화를 위한 사도로 쓰임받았다. 신약성서의 대부
분을 차지하는 그의 서신들은 논문으로 발표된 것은 아니지만 기독교의 교리와
신학을 체계화하는 기초가 되었다. 바울은 예수 그리스도의 십자가의 신학을
전개한다. 예수 그리스도의 십자가 사건은 인류의 죄를 대속하기 위한 구속의
사건이라는 것이다. 도덕과 율법의 공로를 통해 하나님의 의를 충족시킬 수
없으며 십자가를 통한 구원에서 하나님의 의가 실현된다. 인간은 신앙을 통해
죄로부터 구원받고 새로운 피조물이 될 수 있다는 것이 바울신학의 요체이다.
모진 고난과 역경을 헤치며 3차에 걸친 선교활동을 통하여 하나님의 복음을
전하였으며 '복음에 빚진 자'로서의 살았고 장렬히 순교했다.

기독교는 박해에 굴하지 않고 더욱 생명력있게 전파되었다. 순교한 사도들의
뒤를 이어 교부(敎父)들이 등장하여 교회를 이끌었다. 그들은 예수와 사도들에
대한 생생한 기억을 가지고 교회를 이끌던 열정적인 지도자들이었다.

이그나티우스 (Ignatius of Antioch:?- 125)

이그나티우스는 안디옥교회의 지도자(監督)로 교회의 통일성과 감독의 권위에 대하여 그리고 순교의 영광을 강조하였다. 신학적으로는 다소 성서적인 내용과 거리가 있는 부분을 포함한다는 평을 받는 그는 교회의 책임적 인물로서 교회의 조직이 채 형성되지 못하여 빈약한 상태에 있었던 당시의 상황에서 가현설과 유대주의로부터의 혼란과 유혹을 막아내며 신앙의 순수성을 유지하려고 혼신의 힘을 쏟았다. '보편적 교회'(Universal Church: 라틴어의 전통을 따라 Catholic Church라고 표현된다)라는 말을 최초로 사용하였다고 한다. 이것은 전 세계의 모든 교회가 통일성을 지니고 있으며 본질적인 의미에서 하나임을 강조하는 것이었다. 이그나티우스는 극심한 박해에도 굴하지 않는 신앙을 통해 하나님께 영광이 될 것이라고 말하며 125년 트라야누스 황제가 사자를 풀어 기독교인을 처참히 살해하는 현장에서 장렬히 순교하였다.

이레니우스 (Irenaeus: 130-200)

초대교회의 지도자 폴리갑(Policarp)의 제자인 이레니우스는 교회의 목회자로서 사도들의 신앙을 계승하려 노력하는 동시에 기독교 신학의 기초를 세웠다. 그는 사도들의 신앙도 하나이며 누구나 막론하고 신앙을 지닌 자는 한 형제임을 강조하면서 교회연합 및 일치운동의 기초라 할 수 있는 교회의 일치성을 강조하였다. 특히 당시의 이단사상인 마르시온주의자들이 구약성서의 신은 잔인한 모습으로 나타난다는 이유로 구약의 권위를 약화시키고 가현설을 주장하는 등의 이단적 주장을 펼칠 때, 이를 단호히 배격하였다. 이레니우스는 성경을 신앙의 기초이자 기둥이라고 강조하였고 구약은 권위가 없다는 마르시온주의자들의 도전에 반대하여 신구약의 조화를 입증하면서 성서의 권위를 강조하였다.

터툴리안 (Tertullianus:150-212)

로마군 중대장을 지낸 아버지에게서 난 터툴리안은 로마의 시민답게 법률과 문학 및 헬라어와 라틴어에 능통한 직업적 법률가였다. 그리스도인이 된 이후 방대한 신학적 저술을 저작한 그는 라틴신학의 아버지로 불리운다. '불합리하기 때문에 믿는다'(*credo quia absurdumn est*)는 그의 유명한 명제는 그리스철학과 기독교신앙과의 연관성을 추구하였던 신학자들과 달리 기독교의 특성을 선명하게 드러내었다. 그는 신앙 보다 지식을 우선시하는 당시의 경향을 반박하고 플라톤철학이나 영지주의자들의 도전에 효과적으로 대응하고자 노력했다. 그는 복음이 그리스 철학이나 여타의 학문에 의해 오염되는 것보다는 순수한 신앙의 전승을 이어가는 것이 더 중요하다고 보았던 것이다.

예수 그리스도의 구원의 사건과 복음은 사도들과 속사도 교부들의 노력을 통하여 박해를 극복하고 예루살렘과 온 유대와 사마리아와 땅 끝까지 확산되었다. 기독교는 속사도시대와 교부시대를 통하여 더욱 힘있게 발전하였으나, 순탄하지 않았다. 특히 황제숭배를 강요하던 로마제국에 의해 끊임없이 박해를 받았으며 오랜기간 혹독한 박해를 거쳐 하나님의 인도하심으로 313년에 콘스탄틴 황제에 의해 공인된다. 이후 기독교는 325년 니카야회의, 381년 콘스탄티노플회의, 451년 칼케톤회의 등을 통해 삼위일체론과 성령론 등 기본 교리를 정립하면서 힘차게 발전하였다.

2 │ 종 교 개 혁 으 로 거 듭 난 기 독 교

기독교는 서양문화와의 만남을 통해 새로운 전환기를 맞이한다. 헬레니즘 (Hellenism)과 헤브라이즘(Hebrism)의 만남은 상당한 충돌과 여과의 과정을 겪어야만 했으나 마침내 기독교사상은 서양문화의 기초가 된다. 아우구스티누스 (St. Augustinus)는 기독교사상에 주목할만한 업적을 남겼다.

어거스틴 (Augustinus: 354-430)

서양의 스승, 아우구스티누스는 교부시대를 결산하고 중세의 문을 열었다. 그의 기독교사상은 생의 체험에서 우러난 실존론적 특성을 지닌다. 어머니 모니카의 헌신적인 기도는 그를 하나님의 사람으로 만드는데 결정적으로 기여했다. 탕자에서 성자로 변화된 인물, 아우구스티누스의 삶의 전환점은 예수 그리스도와의 만남이었다. 암브로시우스의 소개로 읽은 '호르텐시우스'를 통해 플라톤철학과 플로티누스적 사유를 통해 마니교를 극복하고 영원한 진리를 발견할 수 있었다. 기독교에 대한 최종적 회심을 앞두고 고심하던 그에게 들려온 소리 "집어라, 읽어라"(*tole, lege*)하는 음성은 어두움의 일을 벗고 빛의 자녀답게 살게 하였다. 그의 방대한 저술 중 『고백』(*Confessiones*)과 『신의 도성』(*De Civitate Dei*)은 불후의 명작이다. 『고백』에서 자신의 어두운 과거를 회고하면서 인간의 죄성을 철저하게 고발한다. 특히 시간에 관한 질문을 통해 시간적인 것으로부터 영원불변하는 것을 향해 나아가야 하며 참된 행복은 영원하신 하나님의 품 안에 거하기 전에는 기약되지 않다고 한다. 최초의 역사철학, 『신의 도성』은 세계역사에 대한 기독교적 조망을 담고 있다. 지상의 도성에 속한 사람들과 신의 도성에 속한 사람들이 혼재하고 있지만 역사의 마지막에 신의 도성이 최종적으로 승리할 것이며 역사는 하나님의 섭리 가운데 있다는 그의 역사철학은 기독교의 직선적 역사관의 주춧돌이며 서양문화에 큰 영향을 끼쳤다.

서양사에서 중세는 암흑의 시기로 매도되는 경향이 있지만 실제로 그 기간은 한정된 시간들이었다. 로마는 게르만족에 의해 410년에 함락되었고 476년 서로마 황제인 로물루스가 폐위됨으로써 제국이 멸망되었다. 흔히 이 시기를 서로마제국의 멸망과 함께 희랍 로마 문화도 쇠락하여 서방 세계는 야만의 시대로 들어가기 시작했다고 평가한다. 그러나 야만의 암흑시기를 지나 중세사회의 문화가 꽃피우기 시작할 무렵 기독교는 이미 중요한 문화요소로 등장하고 있었다.

안셀무스 (Anselmus:1033-1109)

기독교의 시대였던 서양의 중세는 문화적, 학문적 발전을 이룩하였다. 중세문화의 꽃이라 할 수 있는 스콜라(Schola) 철학은 중세의 지적 흐름을 주도하는 중심세력이다. 스콜라 초기의 신학자요 철학자이었던 안셀무스는 기독교의 교리를 신학적으로 섬세하게 담아내는데 크게 기여하였다. 안셀무스의 경구, "나는 이해하기 위하여 신앙한다"(*credo ut intelligam*)는 표현에서 엿볼 수 있는 것처럼, 신앙의 진리는 지성을 통하여 논증될 수 있을 뿐만 아니라 이성의 뒷받침으로 더욱 분명해진다고 주장한다. 『왜 하나님이 인간이 되셨는가?』(*Cur Deus Homo est*)하는 저서에서 그는 죄의 대가를 위하여 죄 없으신 예수 그리스도의 희생이 필요하다는 속죄론을 주장하였으며, 보상설 혹은 만족설이라 불리운다. 안셀무스의 명성은 그의 본체론적 신 존재증명에 있다. 하나님은 '최고완전자'이시다. 즉 '더 이상 큰 것을 생각할 수 없을 정도로 큰 존재'인 하나님은 인간의 사유 안에 존재하실 뿐 아니라 사유를 넘어서는 현실에도 존재하신다는 그의 신 존재증명은 논리적이고 개념적인 관점에서 신을 증명한다는 의미에서 a prioi한 신 존재증명의 선구로 간주된다.

중세의 수도원 운동은 우리의 관심을 끈다. 225년 성 안토니우스에 의해 북아프리카에서 시작된 수도원 운동은 북이탈리아를 중심으로 전개되었다. 수도원 운동은 중세교회의 영적 샘물운동이라고 평가되며, 수도원의 아버지라 불리는 성 베네딕트(480-543), 그리고, 성 버나드(1091-1130), 평화의 기도를 쓴 성 프란체스코(1182-1226) 등이 그 대표적인 지도자들이었다. 수도원 운동은 청빈, 순결, 순종, 노동, 그리고 평화와 봉사, 섬김의 정신을 실천하려는 영성운동이었다고 평가된다.

프란치스코 (Francis of Assisi : 1181-1228)

프란치스코는 중세적 영성의 진면목을 보여준다. 부유한 포목상의 가정에 태어나 유복하고 혹은 방탕한 생활을 이어가다가 큰 병을 앓고 난 이후 그는 예수 그리스도를 만나 회심하였고 성서의 말씀대로 자신의 소유를 팔아 가난한 자들에게 나누어 주고 그리스도를 따르는 걸식수도사를 자처하였다. 그의 영혼은 지극히 순수하여, 심지어는 새들에게까지 설교하였다는 이야기가 전해진다. 일생을 말씀의 실천과 청빈한 수도생활에 헌신하였던 그는 중년에 수도생활의 깊은 영적 묵상 중 그리스도의 환상을 보았고 그의 손에 그리스도가 십자가에 달려 고난받은 못자국의 흔적이 나타나는 신비한 체험을 하였다.

"주여 나를 평화의 도구로 써 주소서
미움이 있는 곳에 사랑을, 다툼이 있는 곳에 용서를, 분열이 있는 곳에 일치를,
의혹이 있는 곳에 신앙을, 오류가 있는 곳에 진리를, 절망이 있는 곳에 희망을,
어둠이 있는 속에 빛을, 슬픔이 있는 곳에 기쁨을 심비하소서
위로받기보다는 위로하고, 이해받기보다는 이해하며, 사랑받기보다는 사랑하게
하소서

> 우리는 줌으로써 받고, 용서함으로써 용서받으며,
> 자기를 버리고 죽음으로써 영생을 얻기 때문입니다."

중세 천년의 역사 중에서 12,3세기는 기독교의 전성기였다. 이 시기의 철학 및 신학을 스콜라사상이라고 부르며 누구보다도 토마스 아퀴나스(St. Thomas Aquinas)의 학문적 종합의 능력은 중세 기독교 사상의 진면목을 보여준다.

토마스 아퀴나스 (Thomas Aquinas: 1225-1274)

 토마스 아퀴나스의 신학과 철학은 중세문화의 꽃이며 저수지이다. 아리스토텔레스의 철학을 수용하고 기독교의 전통을 이어받아 종합을 통해 중세의 스콜라철학을 완성한 위대한 사상가이다. 특히 『신학대전』(*Summa Theologiae*)은 불후의 명작으로 꼽힌다. 토마스에 따르면 신학과 철학은 모두 하나님에 관한 연구라는 점에서 공통분모를 지닌다. 신학은 계시된 진리로부터 출발하여 신앙을 통하여 완성되는 영역에 있으며 신의 본성과 삼위일체에 관한 논의등은 모두 신학의 고유한 과제이다. 철학은 자연적 이성을 따라 신의 존재증명을 비롯한 이성적 영역에서의 신에 관한 논의를 담당한다. 특히 『신학대전』은 중세의 기독교 신학을 총결산하는 저서로서, 신 존재증명의 다섯 가지 방법으로 유명하다. 그의 나이 40이 되던 해 환상 중 만난 예수께서 "너는 나를 위하여 많은 저술들을 남기어 주었다. 내가 너에게 무엇을 해주기 원하느냐?"고 말씀하시자 토마스는 "당신 뿐입니다"라고 대답하였고 이 일 후에 그는 영원한 안식에 들었다고 한다.

중세 기독교 1,000년의 와해는 급속히 다가왔다. 교회가 부와 권력을 가지게 되면서 나타난 교권주의와 이로 인한 영적타락, 그리고 두려움과 심판을 강조하는 공로주의사상의 만연, 또한 십자군 전쟁을 비롯하여 마녀사냥과 잔혹한 이단 파문 등 암흑의 모습으로 보여지는 시기를 맞이하게 된다.

이러한 왜곡된 시간의 터널을 지나 한 줄기 빛이 드러난다. 루터(M. Luther)의 종교개혁은 하나님으로 하나님이 되게 하는(Let God be God) 운동이요 중세 1,000년의 안일에서 새롭게 탄생되어야 할 기독교의 시대적 과제와 근본을 되찾는 운동이었다. 가령 성 베드로 성당을 건축한다는 명분으로 자행된 면죄부 사건은 중세교회의 타락과 왜곡의 절정이었다. 면죄부를 비판하는 95개조 반박문은 종교개혁운동의 불씨가 되었다. 오직 믿음(*sola fide*), 오직 성서(*sola scriptura*), 오직 은혜(*sola gracia*)의 3대 원칙을 따라 종교개혁을 단행하여 올바른 기독교의 모습을 회복하고자 했다. 루터의 종교개혁은 하나님으로 하여금 참 하나님이시게 하는 신앙운동이었으며 인간의 노력을 통한 구원의 길에서 벗어나 죄인을 부르시는 은혜의 하나님을 만나도록 하는 은혜중심의 신앙회복운동이었다.

마틴 루터 (Martin Luther : 1483-1546)

마틴 루터는 프로테스탄트 종교개혁의 아버지로 불리운다. 1483년 11월 10일에 루터가 태어난 곳은 싹소니(Saxony) 지방의 아이스레벤(Eisleben)이었다. 로마 카톨릭의 충성스러운 신자였던 그는 부친의 뜻을 따라 법학을 공부하다가 1505년 2월 수도원을 찾아 수도사 생활을 거쳐 1507년 사제 서품

을 받았다. 1512년에 신학박사 학위를 마치고 뷔텐베르그 대학의 교수가 된 그는 1517년 루터는 95개 조항의 선언서를 뷔텐베르그 교회의 문에 내어걸고 당시 타락한 로마 카톨릭에 항거했다. 루터의 신학적 명제들과 가르침은 그후 프로테스탄트 신앙의 규범이 되었다. 그것은 곧 "오직 믿음으로만 은혜의 구원을 얻는다"와 "오직 성서만이 크리스천의 신앙과 행동의 궁극적 권위를 지닌다"는 두 가지 원리이다. 그의 종교개혁 운동은 16세기 유럽의 신학 사상을 개혁했고, 교회를 정화했으며, 평신도들에게 성서를 이해하도록 이끌었다. 목회자요, 신학자였던 루터는 기독교 역사를 새로이 출발시켰고, 오늘에 이르기까지 복음주의 기독교는 그의 개혁 정신을 계승하고 있다.

　종교개혁의 또 다른 지도자 칼빈(J. Calvin)은 인간의 전적타락과 하나님의 전적인 선택 및 은총에 의한 구원을 골자로 하는 예정교리를 통해 보다 분명하고 확고한 종교개혁의 길을 열어갔다. 그의 신학적 슬로건은 '오직 하나님의 영광을 위하여'(*Soli Deo Gloria*)이었으며 하나님의 절대주권에 대한 신앙을 중심으로 하였다. 칼빈의 예정교리는 결정론적 사고방식에 의해 설명되는 것이 아니라 구원의 확실성과 하나님의 절대적 주권에 대한 강조를 핵심으로 삼는 교리이다. 그것은 구원받은 사람이 회고적으로 볼 때, 자신의 구원이 우연스러운 결과가 아니라 하나님의 은총에 의한 것이라는 점을 고백하는 것이며, 죄인을 구원하신 하나님의 선택과 사랑은 앞으로도 불변하시며 확실한 것임을 인식시켜 신앙인들에게

용기와 소망을 심어주는 적극적 개념이다.

요한 칼빈 (John Calvin : 1509-1564)

유럽을 뒤바꾼 종교개혁자 칼빈은 1509년 프랑스 노연 (Noyon)에서 태어났다. 법학을 공부한 칼빈은 당시 프로테스탄트 신자에 대한 카톨릭 교회의 학대가 증폭되자 법학의 무기력함을 인식하고 신학과 성서연구에 주력하여 큰 영적각성을 얻었다. 1534년 카톨릭에 의한 공적인 박해가 시작되자 칼빈은 스위스 바젤(Basel)로 이주하였고 1536년에 『기독교 대강요』를 집필했다. 이는 프로테스탄트 교회의 교과서와도 같은 명저였다. 설교가, 신학자, 개혁가였던 칼빈은 박학다식하면서도 정직하며 겸손한 인격의 소유자였다. 자신에 대해서는 매우 엄격하여 스스로 자기를 부추겨 세우는 '자기환상'이 없는 신앙인이었다. 그의 구호는 오직 하나님의 영광을 위하여(Soli Deo Gloria)였다. 어거스틴과 루터를 통해 깨달은 하나님에 대한 비전은 리챠드 박스터, 죤 번연, 죠지 횟휠드, 죠나단 에드워드, 촬스 스퍼젼 등과 같은 복음주의 전도자들에게 계승되었고, 그의 신학 사상과 목회 지침은 오늘의 '장로교회'를 탄생시켰다. 실로 '칼빈 사상'은 초기의 미국 사회 형성에 크게 이바지 했으며, 칼빈에 대한 이해가 없이는 사실 근대 서구 문화를 이해하기 힘들다.

종교개혁이후 근대사회에서 교회에는 크게 세 가지 흐름이 나타났다. 그 하나는 보수주의이다. 복음의 능력을 강조한 것은 높이 사야 하겠지만, 엄격한 성속 이원

론적 세계관과 문자주의에 흐를 위험성이 있다. 또 하나의 흐름은 이성적 자유주의

이다. 이들은 이성의 한계 안에서 종교를 이해하며 이성의 틀에 넣어 성경을 해석한

결과 인간의 진보를 통해 하나님의 나라를 구현할 수 있다고 주장한다. 세 번째

흐름은 경건주의이다. 이들은 내면의 체험을 강조하며 선행의 실천을 강조하면서

교회의 조직과 권위를 부정한다. 모라비안 형제단의 경건주의운동, 죠지 폭스의

퀘이커운동 등이 여기에 속한다.

파스칼 (Blaise Pascal : 1623-1662)

파스칼은 40세 이전에 사망했고, 질병으로 늘 병약했음에도 불구하고 17세기 뿐만아니라, 지금까지도 명성을 얻는 심오한 사상가이다. 그는 1623년 프랑스 클레몽-페랑에서 태어났으며 기하학, 물리학, 응용 역학 그리고 수학 이론에 중요한 공헌을 했다. 그의 지속적인 관심은 과학적 진리의 탐구였다. 로마 카톨릭 배경을 지녔음에도 불구하고 그는 '인간의 죄된 본성'에 대한 자각과 '예수 그리스도의 은혜'를 구하는 보기 드문 기독교 신앙인이다. 특히 어거스틴의 은혜에 관한 교리와 엄격한 도덕적 요청에 대한 가르침은 파스칼로 하여금 전 가족이 그대로 실천하도록 만들었다. 파스칼은 자기 생애의 마지막에 이르러 한가지 소원이 있었다. 그것은 다름아닌 기독교 신앙을 변증하는 책을 저술하는 것이었다. 사후에 출판된 『팡세』(Pensées)는 이러한 노력의 단초들을 모아놓은 명상록이다.

근세이후 기독교의 흐름 속에서 주목할만한 일은 웨슬리 형제들에게서 나타난 영적갱신운동이다. 오늘날 감리교회의 모체가 된 그들의 노력은 기독교의 영적쇄신과 열정의 회복에 크게 기여하였다.

요한 웨슬리 (John Wesley : 1703-1791)

감리교회의 시작은 요한과 찰스, 두 웨슬리 형제이다. 모교인 옥스포드(Oxford) 대학 안에 '신성 클럽'(Holy Club)을 조직하고, 이를 통해서 영국 사회 안에 철저하고도 경건한 신앙 운동을 전개하였다. 감리교 운동은 영국성공회 안에서 시작되어 당시 영국 사회를 변혁시켰다. 이들의 사망 이후 감리교주의(Methodism)가 영국 성공회에서 분리되고 전 미국으로 크게 확산되었다. 한 때 미국 죠지아 주의 선교사로도 있었던 요한 웨슬리는 1738년 5월 24일 영국의 한 작은 거리 '올더스게이트'의 교회에서 얻은 '구원의 확신'을 통해 구체적인 복음주의적인 '내적 회심'을 체험한다. 그는 예수 그리스도를 통해서만 구원을 얻을 수 있다고 확신한다. 요한 웨슬리는 거의 18세기 말까지 영국 거리의 구석 구석을 다니는 '노방 전도'에 힘쓴다. "세계가 나의 교구다"라고 부르짖던 그는 자기 생애의 전부를 복음 전도를 위해 타고 다니는 말(馬) 위에서 보냈다고 한다. 눈이 오나 비가 오나 그는 약 250,000 마일 이상을 순회 전도에 바쳤다.

19세기와 20세기에 들어서면서 위대한 선교의 시대가 열린다. 윌리암 케리의 인도선교, 로버트 모리슨의 중국선교, 리빙스턴의 아프리카 선교 등을 통해 기독교는 그 선교의 영향력을 확대하여 나아간다. 성서번역, 교육 및 의료사업 등 많은 공헌과 함께 식민침탈과 연관되었다는 비판도 받는다.

윌리엄 케리 (William Carey : 1761-1834)

 윌리엄 케리는 근대 선교의 아버지이다. 서구 유럽에만 제한되어 있었던 기독교를 끌어내어 세계에서 가장 거대한 종교로 만드는데 공헌했다. 영국의 가난한 직물공의 아들로 태어난 그는 교육혜택을 받지 못했고, 십대에는 구두제조공으로 살았다. 그의 꿈은 숙련공이 되는 것이 아니라, 보다 큰 것이었다. 견습공시절, 신약성서 연구와 희랍어 공부에 힘썼고, 해외선교에 관심을 가졌다. 1785년에 모울톤(Moulton) 침례교회 목회자가 되었고, 1786년 영국 놋햄톤(Northampton) 교회에서 열린 대규모 회의에서 외국선교의 중요성을 제안하여 큰 반응을 얻었다. 당시 독립된 선교 기관도 없었던 시절 윌리엄 케리는 순수한 선교에 대한 열정으로 선교사가 된 것이다. 전도자요, 교회개척자며, 성서번역가인 동시에 선교사 윌리엄 케리는 인도(India)에 가서 40년 이상 사역했다. 그는 타 문화에 대한 인식이 거의 부족한 시절, 통계나 지표 없이도 선교사역을 수행한 해외 선교의 개척자이다.

근현대사회를 맞이하면서 기독교는 새로운 신학적 묵상과 실천적 고민을 떠안는다. 과학기술의 발전과 나치의 경험, 세계대전 등은 신학적 묵상의 과제를 새롭게 제시하였다.

키엘케골 (Søren Kierkegaard : 1813-1855)

실존주의(existentialism)의 아버지로 알려진 키엘케골은 '실존 철학'과 '실존 신학' 그리고 '실존 심리학'에 지대한 영향을 끼친 인물이다. 1509년 부유하지만 엄격한 루터파 경건주의 가정에 태어난 그는 극단적인 자기반성에 익숙하고, 죄의식에 사로잡혀 우울하게 살았다. 짧은 기간동안 다섯 형제와 자매들의 죽음을 겪고 올젠(R. Olsen)과의 약혼 파기에 이르기까지 그의 생애는 우울하였다. 사랑하기에 다가 갈 수 없는 '아이러니'에 대한 실존적 체험에서 역설(paradox)을 깨닫는다. 인간은 누구도 대신할 수 없는 '실존적 존재'라는 것이다. 그는 기독교가 본래적 신앙으로 갱신해야 함을 역설한다. 기독교가 국교인 국가에서 태어나 문화적으로 신앙인이 되는 무기력한 기독교를 극복해야 하며, 기독교에 대한 사변적이고 자유주의적인 해석을 중지시키고 예수 그리스도를 체험해야 한다고 보았다.

2차 세계대전 이후 기독교는 새로운 실천운동의 중요성을 깨닫기 시작했다. 특히 교회연합운동(WCC)을 통하여 새로운 모색을 하게된다. 제3세계에 대한 관심과 토착화 문제에 대한 평가 등은 여전히 우리시대의 논제로 남아 있으며, 지구화시대를 표방하는 현대사회에 있어서 기독교의 윤리적 과제에 대한 논의는 기독교가 새롭게 고민해야할 과제로 남아 있다.

본회퍼 (Dietrich Bonhoeffer : 1906-1945)

독일 루터파 신학자인 디트리히 본회퍼 목사는 히틀러와 싸운 20세기 신학과 지성과 양심을 대표하는 인물이다. 1906년에 독일에서 태어난 그는 신경과 의사 부친을 둔 가정에서 자랐다. 베를린대학에서 신학을 전공하여 박사 학위를 받고 그곳에서 교수가 되었다. 그는 반인륜적인 히틀러와 나치즘을 제거하는 운동에 가담하였다. 그는 나치의 유대인 박해를 반대하면서, 세계 평화를 위한 기독교 공동체 이상을 추구한다. 미친 운전사가 차를 몰고 사람들을 죽이고 있는데 목사로서 장례식만 치를 수 없다고 생각한 그는 미친 운전사를 차에서 끌어내려야 한다는 결심을 실행에 옮기고자 하였다. 히틀러 제거음모에 가담했던 본회퍼는 사전에 발각되어 1945년 4월 9일 순교하였다. 본회퍼의 생애와 사상은 일체의 억압에 대항하며 고투하는 사람들 모두에게 귀감이 되었다. 그는 예수를 진정으로 따르려는 사람들은 어떻게 살아야 하는가 하는 신학적 고민을 온몸으로 살아간 신앙인이며 지성인이었다.

칼 바르트 (Karl Barth : 1886-1968)

칼 바르트는 20세기의 가장 위대한 신학자로 꼽힌다. 바르트의 정신적 뿌리에는 보수적인 개혁교회의 배경이 있다. 1886년 5월 10일 스위스 바젤(Basel)에서 태어난 그는 독일의 자유주의 신학에 물들어 있었다. 1908년 목사 안수를 받고 자펜빌(Safenwil)이라는 광산마을의 목사로 부임하여 종교사회주의적 이상으로 노동운동에 가담하였다. 그러나 세계 1차 대전의 경험을 통해서 그는 소위 자유주의적 환상을 버리고, '하나님의 말씀'을 연구하였다. 그는 하나님을 하나님의 자리에 돌려드리고 인간은 인간의 자리로 돌아와야 한다고 주장하였다. 1919년 이래 『로마서 주석』의 저술을 통하여 역사-비판적 방법을 거절하고, 하나님의 초월성과 은혜를 강조하였다. 고백교회의 지도자로써 '바르멘 신학선언'(Barmer Erklärung, 1934)을 작성하며 나치에 항거하던 그는 히틀러에게 추방되어 스위스 바젤대학에서 학문의 열매를 맺는다. 그의 신학은 '신-정통주의' 라는 이름으로 기독교역사에 자리매김하게 되었다.

3 │ 한국에 전해진 복음과 그 비전

우리나라에 처음 소개된 기독교는 천주교였다. 1549년에 프란시스 사비에르는 일본에 입국하여 선교하였고, 중국에는 마테오 리치를 통하여 1581년이후 선교의 역사가 시작되었다. 우리나라의 천주교는 주로 평신도의 자발적인 운동의 형태로 진행되었다. 허균의 천주교 개종, 정약용, 정약전, 이벽 등에 의한 실학운동, 1791년 신해교난, 1801 신유교난 등을 겪으면서 한국의 천주교운동이 지속되었다.

한국에 개신교 선교사가 들어온 것은 1884년 9월 알렌(H.N. Allen,)이 미국 공사관 공의(公醫) 자격으로 입국한 이후 1885년 4월 장로교의 언더우드(H.G.Underwood)와 감리교의 아펜젤러 (H.G. Appenzeller)와 그리고 스크랜톤(W.B. Scranton)이 동시에 제물포항에 도착한 일련의 과정에서 그 연원을 찾아볼 수 있겠다. 이들은 교육과 문화의료 사업을 중심으로 개화기의 한국에 기독교를 소개하기 시작했으며 특히 한국의 근대화 과정에서 기독교의 영향력은 지대한 것이었고 민중 개화에 커다란 공헌을 남겼다.

한국에 전래된 기독교는 주로 '네비우스 선교정책'에 따랐다고 전해진다. 이것은 당시 중국선교사였던 네비우스가 세운 원칙으로서, 자치, 자립, 자전의 원칙이 그것이다. 즉 한국에서의 선교는 한국인들의 손으로 해야 한다는 원칙이었다. 이것은 천주교의 경우처럼 한국의 기독교가 평신도의 자발적인 신앙운동의 형태로 자리잡은 원천이라 할 수 있다. 네비우스 정책 이외에도 금주금연의 문제가 유독 한국에서 강조된 것도 일종의 선교정책의 하나였으며, 이는 당시 한국인들이 주초에 지나치게 의존하는 것을 보고 내세워진 한국선교의 특유의 원칙이었다.

한국교회사의 특징은 민족의 아픔과 수난과 함께하였다는 점에 있다. 1907년 길선주목사가 주도한 부흥사경회에서 3천명이 세례를 받고 7만명의 구도자가 나타난 일과 이를 기점으로 불붙은 대부흥운동은 한국기독교역사의 중요한 기록이 아닐 수 없다. 새벽기도회, 통성기도 등은 이러한 부흥운동의 연장선상에 있다. 이러한 영적부흥운동은 내세지향적 신앙으로 기울지 않고 민족의 아픔에 동참하는 역동적 기독교의 모습으로 나타났다. 1919년 3.1운동과 제암리교회의 순교 등은 한국의 기독교가 영적각성을 통하여 민족의 아픔에 동참하며 한국인에게 친숙히 다가서는 모습을 보여주는 좋은 예라 하겠다. 또한 일제강점기에 자행된 신사참배를 거부함으로써 주기철 목사를 비롯한 많은 순교자가 나왔으며 2천여명의 신앙인이 옥고를 치른 것은 한국의 기독교가 민족정신과 연관되어 있었음을 보여준다.

해방이후 6·25(1950)를 전후하여 한국교회는 피난길에서도 참회의 기도회를 가지면서 나라와 민족을 위해 기도하는 민족정신을 잃지 않았으며, 1960년대 이후 근대화 과정에서도 인권운동과 나라를 위한 기도운동을 통해 민족과 호흡을 함께하는 민족교회로서의 모습을 성숙시켜 왔다. 물론 심각한 종파운동과 교회분열, 그리고 지나친 교세확장 경쟁, 그리고 기복종교화되는 왜곡된 신앙을 비롯하여 비윤리적인 여러 가지 부작용 또한 있었던 것이 사실이다. 그러나 한국교회가 민족의 역사와 함께 하면서 나라와 민족을 위한 기독교로서의 모습을 잃지 않고 성숙하는 교회로 성장하여 왔다는 점에서 우리는 한국교회의 미래를 희망적인 모습으로 그려볼 수 있으리라 생각한다.

오늘의 한국교회는 어두움의 터널을 뚫고 나온 종교답게 한국 사회의 종교문화를 주도하는 핵심세력으로 부상하고 있다. 일찍이 한반도에 복음의 씨앗을 뿌리기 위해 목숨을 담보로 하나님의 말씀을 전해온 선교사들과 민족교회의 지도자들이 있었기에 한국의 기독교는 풍성한 열매를 향유하고 있다는 점은 아무리 강조해도 지나치지 않을 소중한 자산이다.

한국 기독교의 발전과 성장에 대한 평가는 다소 엇갈릴 수 있다. 물량적인 성장만을 추구한다는 점이나 기복종교로 전락하고 있다는 느낌, 그리고 교회지도자들의 도덕성과 관련된 문제들이 나타날 때마다 우리는 매우 곤혹스럽고 겸허한 자기성찰을 하지 않을 수 없다. 그러나 그것이 전부는 아니다. 성서중심의 신앙을 잃지 않으면서 열정적인 세계선교나 사회봉사, 기독교 윤리운동 등을 통해 복음의 능력을 구현할 수 있으리라는 가능성에 우리는 더 많은 관심을 가져야 할 것이다. 역사의 주관자이신 하나님께서 한국의 기독교를 통하여 이루실 많은 비전 (vision)들을 바라보면서 스스로를 진실하게 하며 영성회복과 실천에 힘쓸 수 있는 기회가 우리에게 더욱 많이 남아 있다고 생각되기 때문이다.

더 생각해 볼까요?

>> 아가페적 공동체를 이루기 위해 헌신하였던 사람들 중에서 사도바울의 지니고 있었던 구원에 관한 생각은 어떤 특징이 있습니까?

_____

_____

_____

>> 종교개혁자 루터와 칼빈의 공통점을 요약한다면, 어떻게 말할 수 있습니까? 특히 성서의 재발견과 연관지어 볼 때, 어떤 특징이 있습니까?

_____

_____

_____

>> 우리나라의 기독교가 모두에게 환영받는 기독교가 되기 위해 해야 할 일이 있다면 주로 어떤 일들이라 할 수 있습니까?

_____

_____

_____

아가페,
진리의 틀이 되다

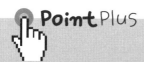

Point Plus

>> 기독교가 독선적인 종교로 비추어지는 이유는 무엇일까요? 기독교는 항상 독선적이고 비타
   협적이어야 하는 것일까요?

>> 기독교에서 특징적으로 찾아 볼 수 있는 사고방식들은 일반적인 사람들의 그것과 어떻게
   다르고 왜 다르다고 할 수 있나요?

>> 우리시대를 위해 기독교 신앙인이 가져야 할 자세는 어떤 것입니까? 여러 가지 관점에서
   말할 수 있습니다. 평소에 가지고 있는 생각은 무엇입니까?

사도바울이 강론했던 두란노서원으로 알려진 셀수스 도서관

1 | 기독교는 독선인가?

　기독교에 대한 여러 오해들 가운데 적대감과 갈등을 조장될 수 있는 것이 여럿 있다. 그 중 하나가 기독교의 독선적 이미지에 관한 것이다. 그 시작은 기독교에만 진정한 구원이 있다는 관점에서 나온 것이겠지만, 그것이 자칫 문화적 우월감이나 타종교에 대한 반감과 폄하로 나타나는 경우를 볼 수 있다. 이를테면, 세계적으로 기독교신앙을 가진 지역은 경제적으로 부유한 나라들이며 가난하고 미개한 지역에는 기독교신앙이 없기 때문에 그렇게 살 수 밖에 없다는 주장을 생각해 보자. 기독교 신앙인들에게는 긍정적 이미지와 자부심을 심어 줄 수 있겠지만, 그렇지 않은 사람들과 지역에서는 갈등의 요소로 작용할지 모른다.

　중요한 것은 성경에 선언된 것처럼, 예수 그리스도의 이름 이외에 천하 인간에 구원을 얻을 이름이 없다는 복음에 관한 것이다. 이것은 성서의 진리이며 분명한 신앙고백의 사실이다. 그것은 또한 구원하시는 하나님의 모습을 엿보게 한다. 그리스도인들의 영혼사랑의 구령(救靈)의 열정, 그리고 선교적 사명을 깨닫게 하는 선언이다. 말하자면 기독교의 책임의식을 강하게 표현한 것이다. 안타깝게도 이러한 구원의 복음이 기독교적 문화의 우월성을 앞세워 강압적으로 타문화와 종교에 대한 공격으로 오해될 수 있다는 점이다. 오직 예수 그리스도의 이름으로만 구원을 얻는다는 신앙고백은 변경될 수 없는 진리이지만, 그것이 선교적 책임의 표현을 넘어 독선적이며 오만한 정복자의 모습으로 나타나지 않게 하는 노력이 병행되어야 할 것이다.

　그러나 이것은 종교다원주의자들의 주장처럼 모든 종교에 구원이 있다고 말하자는 것이 아니다. 그들의 생각은 성서적이지 못하며 기독교적인 것이 될 수 없다. '모로 가도 서울만 가면 된다'는 식의 발상, '산 정상에 오르는 등산코스는 하나만 있는 것이 아니다'를 외치며 모든 종교의 구원을 주장하는 것은 앞서 말한 기독교의 선교적 책임을 포기하는 것과 다름없다. 또한 종교혼합주의에 이를 가능성이 너무도 크다. 기독교는 기독교이어야 하며, 그 선교적 사명과 책임의식에 충실해야 한다. 그것은 변경될 수 없는 신앙고백이다.

　그러나 현대의 정신사조를 주도하는 '포스트모더니즘'(post-modernism)의 물결 속에 기독교의 선교적 사명과 책임의식이 위협받고 폄하되고 있다. 문화와 종교의 다원성을 주장하며 관용의 정신을 강조하는 포스트모더니즘에서는 이성이 주도한 근대의 체계성과 독단적 합리성을 비판한다. 그들이 근대적 이성 보다는 감성을, 서구문화 중심의 사고방식 보다는 다원적 사고방식의 중요성을 재발견한 것은 나름대로 평가할만한 일이지만, 전승적 가치와 윤리적 책임 까지도 포기하며 모든 문화와 도덕은 구성된 것이며 발명에 불과하다고 주장하는 것은 지나치다.

료타르(Jean-Fransois Lyotard)는 말하기를, 정보화시대에는 보편타당한 지식체계 즉 거대담론(meta-narrative)이 소멸되고 있으며, 종교와 윤리 역시 거대담론에 속하는 것이라 한다. 거대담론에 대한 거부가 두드러지고 종족과 그룹에서만 통용되는 작은 담론만이 존재하며, 기독교의 복음과 그 전도 역시 독단에 속한다는 것이다. 포스트모더니즘의 또 다른 맥락에서 맥키(J. L. Mackie)의 윤리적 반실재론(moral anti-realism)은 도덕의 원리와 규범들이 불변하는 실재적 가치를 지닌 것이 아니라 구성된 것이며 발명된 것에 불과하다고 말한다. 이것은 단지 윤리와 도덕에 관한 기초를 뒤흔드는 것을 넘어 실재론을 전제하는 종교에 문화의 모든 분야에 대한 도전이다.

독선으로 오해되기 쉬운 기독교의 선교적 책임의 표현이 이제는 그 자체로 거대담론으로 내몰리며 그 기초 자체가 심각하게 위협받고 있는 셈이다. 기독교는 과연 독단적인 종교이며 우월감으로 가득찬 집단일 뿐인가? 기독교는 정보화시대, 포스트모던 시대에는 어울리지 않는 시대착오적 거대담론일 뿐인가? 그리고 이 모든 질문은 오해와 편견에서 나온 것인가 혹은 기독교 내부의 확신과 책임의 부재에서 나온 것인가?

2 | 아 가 페 와 진 리 의 대 화

기독교의 본질을 명확하게 재확인하고 분명한 책임의식으로 무장하는 것이야말로 기독교를 향한 우리시대의 도전에 가장 효과적으로 대응하는 길이 될 것이다. 그것은 또한 기독교의 정체성을 확고히 하는 계기가 될 것이며 기독교적 사고방식과 기독교세계관의 논점들을 명확하게 정리하는 기회도 될 수 있을 것이다. 나아가 이러한 확신과 책임의 확립으로부터 기독교에 대한 오해와 편견을 바로잡는 원동력이 발생될 것이다.

기독교세계관(Christian world-view)은 다양한 분야에 영향을 미칠 수 있다. 기본적인 이야기로부터 시작한다면, 세계관에 대한 논의는 신념체계와 사고방식의 기초에 대한 검토라 할 수 있다. 인간에게는 누구에게나 신념체계가 있으며 세계를 바라보는 기본적 인식론의 전제를 가지고 있다. 이것을 여러가지 방식으로 규정할 수 있으나 가장 기초적이고 본질적인 의미에서, 기독교적 사고방식 내지는 생각의 틀(Christian thinking-frame)에 관한 논의라 규정하는 것이 좋겠다.

기독교적인 틀에 의해 세상을 조망한다는 것은 인간의 자율적 인식능력을 제한한다는 의미가 아니다. 기독교적으로 생각할 수 있도록 그 전제와 기초를 재설정한다는 뜻이다. 이러한 맥락에서 우리는 기독교세계관 '운동'에서 말하는 여러 계획과 전략적 접근에 대한 논의는 그들의 몫으로 위탁하고 기독교에 대한 올바른 이해와 확인의 차원에서 기독교적 사고방식의 특징과 과제에 대한 이야기로 전환하여 전개하고자 한다.

기독교적 사고방식의 전제는 성서에 있다. 기독교적인 것은 성서적인 것이며 성서가 말하는 모든 것을 기독교적 사고방식의 전제로 삼는다. 기독교적 사고방식은 성서를 기초로 하여 교회의 전승적 가치와 역사적 문제해결과 논쟁의 결론들이 수용되어 총체적 의미에서 기독교사상을 형성한다. 그러나 기독교사상의 전제와 그 최종적 결론은 성서에 있으며 성서는 기독교적인 것을 가름하는 시금석과도 같다. 이러한 의미에서 기독교적 사고방식은 성서적 사고방식이다.

기독교적 사고방식의 토대는 창조론이다. 창조론은 우주의 주인이신 하나님의 인격적 통치와 그 주권을 알게 한다. 하나님은 천지를 무로부터 창조(*creatio ex nihilo*)하셨다. 이 세상은 우연한 계기로 단생세포가 진화를 거듭하여 고등생물로 변모된 영역이 아니다. 알 수 없는 한 시점에 빅뱅(big-bang)에 의해 구성된 것도 아니다. 세계는 하나님의 섭리와 계획에 의하여 창조되었으며, 하나님은 모든 존재자들의 주인이시다. 하나님은 모든 피조물을 통하여 영광을 받기 원하시며 인격적 대화와 사랑의 대상으로 우주를 창조하셨다.

창조론적 세계관은 인류의 무한한 진보와 기술만능의 오만에 제동을 걸고 인간이 상대적 존재임을 일깨워 준다. 하나님은 인간을 하나님의 형상(*imago Dei*)으로 창조하시고 그를 자유로운 책임의 존재로 세우셨다. 인간의 가장 중요한 존재목적은 하나님을 영화롭게 하며 영원토록 하나님을 기쁘시게 하는 것이어야 한다. 그것은 다산(多産)으로 상징되는 바알(Baal)적 풍요의 숭배나 물질만능을 목표로 하는 경제와 경영의 추구에 귀착하지 않는다. 기술만능과 경영 마인드에 깊이 물든 의료를 지향하지도 않는다.

학문과 예술 및 기술을 포함하는 문화는 하나님의 문화명령(cultural man-date)에 부합하는 것일 때 의미있는 것으로 인정될 것이다. 인간은 문화적 존재이지만, 인간 자신이 숭배의 대상이 되어서는 안된다. 하나님을 경외하는 경건(God-fearing)에 기초해야 한다. 인간에게 하나님 중심(God-centered)적 삶을 살아야 마땅하며, 창조주이신 하나님의 영광을 드높여야 한다는 지극히 당연한 의무를 지닌 존재이다. 창조론적 세계관의 진정한 의미가 여기에 있다.

기독교적 사고방식의 중심은 예수 그리스도이시다. 구원의 복음과 그 신앙인으로서 그리스도인은 철저히 그리스도 중심적이며 그리스도를 통한 인간구원의 확신을 가진다. 이것은 창조주 하나님의 영광에 도전하였던 아담과 하와의 타락으로 말미암은 원죄에 대한 가장 분명한 처방이며 유일한 대책이기 때문이다. 하나님의 형상으로 창조된 인간은 그 자유를 남용함으로써 하나님과 단절되고 생태계를 소외시키며 인간과 인간의 진정한 인격적 연대성이 와해되는 뿌리깊은 죄의 존재들이다. 그러므로 기독교적 사고방식에는 죄와 그 구원으로서의 예수 그리스도의 복음이 중심에 위치한다.

예수 그리스도 중심의 사고방식은 사랑과 구원의 하나님에 대한 온전한 신앙고백을 토대로 한다. 그것은 하나님을 심판하시는 공의의 하나님이신 동시에 인간을 사랑하시며 용서하시는 구원의 하나님으로 고백하는 것을 뜻한다. 인간은 창조의 위대한 걸작으로 남아있지 못하고 그 자유와 이성이 심각하게 훼손되어 전적타락, 전적 부패의 존재가 되었다. 인간은 문화적 노력과 도덕적 공로에 의해 구원받을 수 없으며, 오직 예수 그리스도의 십자가와 구원의 은혜에 대한 신앙적 응답을 통해서만 구원을 얻는다.

성서를 비롯하여 기독교의 모든 메시지는 그 중심에 예수 그리스도를 간직한다. 구약성서는 죄인된 인간을 구원하시기 위한 오실 메시야를, 신약성서는 예수 그리스도를 통하여 성취된 하나님의 구원을 선포한 오신 메시야를 알려준다. 예수 그리스도는 기독교적 사고방식의 정점이며 예수 그리스도 없는 기독교사상은 있을 수 없다. 비록 유일신 야웨신앙을 가지고 있으며 구약에 대한 지나칠 정도로 철저한 신앙을 가진 히브리 사람들도 그 중심에 예수 그리스도를 영접하지 않는다면, 유대교인일 뿐이다. 이처럼 예수 그리스도 없는 기독교적 사고방식은 정당성을 확보할 수 없으며, 기독교적 정체성 자체가 심각하게 의심되어야 한다.

이렇게 볼 때, 진정한 기독교 세계관은 창조론에 머물지 않고 구원론에 이르러 예수 그리스도를 그 중심에 간직해야만 한다. 그리고 여기에 선교적 사명과 책임이 결여되어서는 안될 것이다. 예수 그리스도를 통한 구원만이 유일한 길이며 이 구원의 소식을 천하만민에게 전할 선교적 사명이 기독교적 사고방식에 뿌리깊게 자리하고 있기 때문이다. 그러므로, 기독교가 독단적이라는 말을 듣게 된다면, 부끄러워 할 일도 아니며 종교다원주의자들처럼 적당한 타협을 시도해서도 안된다. 다만, 그것은 기독교의 절박한 구원적 사명의식에 해당하는 것이어야 하며, 기독교의 위선과 우월주의 또는 독선적 행태들에 대한 것이어서는 안될 것이다.

기독교적 사고방식의 특색은 종말론적 역사관이다. 역사의 순환을 주장하던 고대 그리스의 역사관이나 타종교의 역사관은 기독교의 그것과 확연히 구분된다. 기독교는 역사의 일회성과 목적성을 강조하는 직선사관을 취하고 있다. 이것은 창조론적 세계관의 연장선상에 있다. 역사의 모든 과정은 단순히 순환반복되는 영겁회귀의 일부분이 아니라 뚜렷한 목표를 지닌다. 창조와 인간의 타락, 예수 그리스도를 통한 구원과 재림, 그리고 심판과 승리에 이어 새로운 창조에 이르는 역사의 모든 과정이 분명한 목적성을 지닌다는 것이다.

일찍이 어거스틴(St. Augustinus)에게서 확립된 역사에 관한 철학적, 신학적 성찰은 창조를 그 시점으로 하고 종말을 그 결론으로 하는 종말론적 구조를 지닌다. 종말론적이라 하는 것은 종말에 대한 집착을 의미하는 것이 아니다. 그것은 창조주 하나님의 종말적 심판을 바라보며 주어진 사건과 시간 속에서 최선을 다해 살아가는 삶의 자세를 의미한다. 그것은 또한 인간은 시간적 한시성을 지닌 대상에 집착해서는 안되며, 진정한 행복은 영원하신 하나님에게서만 찾을 수 있다는 고백으로 살아야 한다는 것이다. 이 세상의 것들을 하나님의 창조라는 맥락에서 선한 것으로 보고 하나님의 영광을 위해 사용하되 그것들을 숭배해서는 안된다는 것이다.

종말론적 역사의식은 다른 의미에서 섭리사관이라 할 수 있다. 이것은 역사의 모든 사건과 의미는 하나님의 구원이라는 경륜을 따라 운행되는 섭리의 과정에 있다는 것을 인정하는 자세를 촉구하는 것이다. 또한 역사의 주인은 인간이 아니라 하나님이심을 보여주는 것이며, 인간은 역사의 주관자이신 하나님의 뜻과 섭리에 따라 선한 삶을 통해 응답해야 하는 존재임을 일깨워 준다. 이처럼 기독교적 사고방식은 역사적 존재로서의 인간의 참된 사명과 의미에 대한 교훈을 담고 있다.

기독교적 사고방식의 과제는 윤리적 실천이다. 기독교의 역사만큼이나 기독교신앙의 현실적 과제에 대한 논의는 오래된 주제이다. 이제껏 기독교세계관이 없어서가 아니라 그것이 구현되지 않은 것이 문제라 해야 할 것이다. 기독교가 곧 도덕이라 단정지을 수 없다. 그러나 기독교가 비난의 대상이 되는 것은 교리상의 문제나 신학적 논쟁에서 파생된 것이 아닌 실천의 문제, 윤리의 문제라는 점에서 우리는 기독교적 사고방식이 윤리의 영역에서 그 의미를 제대로 구현하는 것이어야 한다는 점에 동의할 수 있을 것이다.

그리스도인의 윤리를 핵심적으로 요약한다면, '사랑의 윤리'라고 해야 할 것이다. 아가페적 사랑을 의미하는 기독교적 사랑의 윤리는 그 특징상 구원을 위한 공로주의적 사고방식에서 나온 것이 아니라, 구원적 사랑에 대한 감사에서 우러나온다. 다시말해 기독교윤리는 죄인을 사랑하시며 용납하시는 하나님의 위대한 사랑을 전제한다. 하나님의 사랑을 체험한 자는 그 사랑에 대한 자발적 응답으로서 윤리적 삶을 살아야 한다. 그의 삶은 그리스도 안에서 새로운 피조물(new being)으로 거듭남(born again)을 통해 규정되는 것이기 때문이다.

문화적 소명 역시 기독교윤리의 중요한 과제가 아닐 수 없다. 그리스도인은 개인의 삶에 있어서 변화를 체험하고 증거해야 할 뿐 아니라 사회적이고 문화적인 영역에서 그 구체적인 노력을 게을리해서는 안된다. 신앙은 교회 안에 머무는 천국경험에 한정되지 않으며, 구체적인 삶의 현장을 회피할 수 없는 것이기 때문이다. 더구나 세속문화에 중독되고 압도되는 삶이 아니라 변혁자의 모습을 기대한다. 여기에 니버(H. R. Niebuhr)가 말한 문화의 변혁자로서의 그리스도(Christ the transformer of culture)의 이미지가 문화적인 맥락에서 구현되어야 할 윤리적 과제로 떠오른다.

나아가 삶의 모든 과정에서 소명적 삶의 모습을 구현하는 노력 또한 요청된다.

종교개혁자 루터(Luther)와 칼빈(J. Calvin)이 말한 것처럼, 그리스도인의 삶은 소명(vocation)을 따라 사는 것이어야 한다. 이는 수도원적 영성에만 해당하는 편협한 개념이 아니라 삶의 구체적 현장에서 구현되어야 할 직업소명의 중요성을 일깨워 준다. 기독교적 사고방식에 있어서 삶의 모든 과정에 하나님의 영광을 드러내기 위한 선한 직업은 거룩한 소명에 속하며, 인간은 그 소명을 따라 사는 사명자로 드러난다.

이처럼 기독교적 사고방식은 성서에 기초한 기독교 고유의 사고의 틀이라 할 수 있다. 기독교인에게는 신앙과 사고의 기본 틀로 항상 작동해야 하는 것임에 틀림없다. 이에 대한 생각과 표현에 다소간의 견해차는 가능할 수 있으나 본질적 차이는 존재하지 않는다는 의미에서, '다양성 속의 통일성'(diversity in unity)를 인정할 수는 있겠다. 교단의 구분과 진보 및 보수의 구별이 여기에 해당한다. 다른 의미에서 기독교적 사고방식은 기독교에 대한 일방적 편견을 벗어나 기독교적 사고의 본질적 매카니즘을 알게 하는 기능을 수행한다. 특히 기독교에 대한 진지하고 성실한 접근 없이 선입견에 매여 있는 자들에게 기독교적 사고방식에 대한 올바른 소개와 이해는 선입견과 편견을 극복하고 바른 길을 찾게하는 요체가 될 것이다.

3 | 아 가 페 와 크 리 스 챤

일반적으로 정부가 집계하는 인구센서스에서는 종교에 소속된 자들을 통칭하여 '신도'(信徒)라 부른다. 그 말이 틀린 것은 아니지만, 교회에서는 '성도'(saints)라는 말을 선호한다. 이 말은 하나님의 백성으로 거룩하게 구별된 사람들이라는 뜻에서 기독교적 사고방식의 또다른 일면을 보여준다. 그러나 이보다 더욱 많이 사용되는 말은 '그리스도인'(Christian)이다. 이 말은 기독교신앙을 가진 사람들을 뜻하는 것이지만, 기독교적 사고방식이 지향해야 할 중요한 측면을 일깨워 준다.

그리스도인이라는 말은 신약시대에 처음 사용되기 시작한 것으로, 복음적 삶을 살아가는 안디옥교회의 성도들에게 붙여진 명칭이다. 학자들의 견해에 따라서는 이 말이 본래는 비하적 의미를 지닌 것으로서, 사도행전 기록당시 유대문화의 주류였던 바리새파와 다르다는 의미에서 그리스도를 추종하는 무리들 정도의 의미였다고 말하기도 한다. 마치 한국개신교 선교초기에 기독교신앙인들을 '예수쟁이'라 비하하여 불렀던 것과 유사한 의미일 수 있다.

중요한 것은 그리스도인이라는 말의 본 뜻이 매우 소중한 의미를 지니고 있다는 점이다. 희랍어 크리스티아누스(christianus)는 '그리스도에게 속한 자' 또는 '그리스도의 사람들'이라는 뜻이었다. 앞서 말한 비하적 의미를 극복하고 적극적 의미에서 해석한다면, 아마도 '그리스도로 인하여 구원을 얻은 사람들', '그리스도와 생명적 유대관계에 있는 사람들', 또는 '그리스도를 위하여 사는 사람들'이라 옮겨도 좋겠다. 그와 같은 생명적 유대가 없이는 초대교회 그리스도인들의 장렬한 순교행진을 설명할 길이 없다.

우리는 다시 질문하지 않을 수 없다. 기독교는 독단적인가? 기독교적 사고방식, 기독교세계관에는 기독교는 구원의 복음에 대한 열정과 그 선교적 사명에 대한 강한 의지가 포함된다. 그것은 독단이기 보다 책임의식이라 불러야 할 것이다. 책임을 다하지 않는 자에게 직무유기라는 평가가 내려지는 것과 마찬가지로 구원하시는 하나님의 경륜과 섭리를 따라 예수 그리스도 중심의 구원의 복음을 소중히 여기며 그 전파의 열정으로 사는 것 자체를 독단이라 부르는 것은 합당하지 않다.

문제는 잘못된 사고방식과 잘못된 관행들이다. 바람직하지 못한 그리스도인, 영향력을 행사하지 못하는 교회, 역사와 문화를 이끌어가지 못하는 기독교는 철저한 갱신과 자기반성의 대상이 되어야 한다. 특히 한국적 맥락에서 권위주의적이고 보수적인 모습이 기독교의 전부가 되어서는 곤란하다. 그리고 그 핵심에 '그리스도인'답지 못한 삶에 대한 분명하고도 철저한 회개와 갱신이 있어야 할 것이다.

'그리스도인다움'이란 무엇인가? 그것은 기독교적 사고방식에 충실한 사람이며 기독교세계관에 입각하여 사는 사람이다. 그것은 유교적 맥락을 따라 왜곡되어서도 안된다. 안타깝게도 기독교윤리에 대한 짧은 생각들이 한국적 맥락에서 유교의 그것과 혼합되고 혼동되어 가부장적 위계질서와 권위주의적 행태들을 정당화하는 경향이 있으나, 권위(Authority)와 권위주의(Authoritarianism)는 다르다. 올바른 영향력을 행사할 수 있는 것만이 권위있는 것이 될 수 있으며,

그렇지 못한 것은 독단적인 것이 되고 말 것이다.

그리스도인은 기독교적 사고방식에 분명한 사람이다. 성서에 기초한 기독교적 세계관을 자신의 삶의 전제와 목표로 삼는 사람이다. 이러한 의미에서 그리스도인이 그리스도인답게 행동하며 살아가려는 기독교의 복음적 열정은 독단이 아니라 해야 할 것이다. 그것은 오히려 진정한 의미에서 책임적 자세이기 때문이다.

더 생각해 볼까요?

>> 아가페의 종교로서, 기독교가 다른 종교들과 적당한 타협에 흐르지 않고 책임적 특성을 강조하는 이유는 무엇이라 할 수 있습니까?

_____

_____

_____

_____

>> 기독교적 사고방식의 특징 중에서 종말론적 사고방식이란 어떤 것입니까? 그것은 신비함을 가장한 종말주의와 어떻게 다릅니까?

_____

_____

_____

_____

>> 크리스챤이라는 말의 참 뜻은 무엇입니까? 특히 독선이 아니라 책임적 자세로서 크리스챤이 해야 할 일은 무엇입니까?

_____

_____

_____

_____

아가페,
문화 속에 들어오다

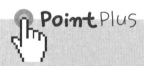

>> 대중문화의 시대를 살고 있는 우리가 문화의 향유자로서 관심을 가져야 할 부분이 있다면 어떤 것이라 할 수 있습니까?

>> 기독교는 대중문화에 대해 반대적인 입장을 자주 표현하는 것 같습니다. 기독교와 현대의 문화는 어떤 관계를 맺어야 할까요?

>> 기독교는 교회이외의 대부분 문화생활을 거부해야 하는 것일까요? 기독교가 문화에 대해 책임적인 관심을 표현해야 할 부분은 어떤 것들인가요?

성지 이스라엘에 전시된 한글 주기도문

1 │ 문 화 의 시 대 , 아 가 페 적 관 심

포스트모던 시대에 살고 있는 많은 현대인들은 과거 어느 때보다 많은 아픔이 있고 하나님의 도우심의 필요를 느끼고 있다. 하나님께서는 계시와 말씀을 통해 인간이 도움을 받을 수 있도록 은총을 내려주셨다. 이러한 하나님의 은총은 인간의 문화에서 하나님의 방법으로 인간에게 전달된다. 챨스 크래프트(Charles Kraft)는 하나님의 의사전달의 방법을 이렇게 이야기 한다. "하나님께서는 인간에게 당신의 뜻을 전달하기 위해 하나님 자신이 인간의 문화 가운데 성육신하셔서 인간과 대화를 하셨다." 성경은 바로 이와 같은 성격을 가진 문서이다. 따라서 하나님이 그 시대의 인간의 문화 속에서 하나님의 원래 전하고자 하셨던 메시지를 전하셨던 것이다. 하나님의 절대적 가치인 복음은 인간의 문화에 담겨서 그 뜻이 전달되고 실현되는 것이다. 따라서 복음과 문화는 서로 밀접하게 연관되어 있으며 우리가 효과적인 복음의 이해와 전달을 위해선 무엇보다도 문화 이해가 선행되어야 한다.

일반적으로, 문화인류학이란 인간에 관한 종합적인 연구라 볼 수 있다. 인간의 신체적, 생물학적, 문화적, 사회적, 심리적인 면을 모두 통합해서 인간을 연구하는 것이 곧 문화인류학이다. 하지만 대학 생활에서 필요한 영역은 그 중에서도 인간 이해의 영역과 문화적인 영역이다. 인간이 어떻게 살며, 그 심리 상태가 어떠하며, 사회는 어떤 성격을 가지고 있는가? 등을 연구하는 문화인류학적인 이해를 바탕으로 문화를 정의하면 문화란 사람들의 생활방식, 사람들의 삶에 대한 설계, 그리고 인간이 생물적 물리적 사회적 환경에 대처하는 방식이다. 이러한 의미에서, 폴 히버트는 (Paul Hiebert)는 문화를 사회를 특징짓는 행동, 사상, 믿음 예술 등 삶의 총체적 모습이라 했다.

문화는 크게 외형적 문화(Explicit Culture), 내면적 문화(Implicit Culture)로 구분된다. 이것은 마치 강에 비유할 수 있는데 강의 표면은 눈에 보이지만 강의 대부분은 표면 아래에 있어 눈에 보이지 않는다. 하지만 강의 표면에 일어나는 현상은 유속, 강의 혼탁도, 그리고 강속 깊은 곳에서 일어나는 현상에 의해 영향을 받는다. 강의 표면에 일어나는 것은 외적인 현상이지만 동시에 강의 깊은 곳에서 일어나는 현상의 특성을 대변하기도 한다. 문화도 마찬가지이다. 우리가 한 문화의 표면에서 보는 것은 유형화된 인간의 행동이다. 하지만 이런 유형화된

〈표 1〉 표면적 문화와 내면적 문화

행동을 결정하는 것은 내면적 문화이다. 다시 말해 외형적 문화(Explicit Culture)는 문화의 표면적 차원의 구조를 말하는 것으로 우리가 습관적으로 행동하거나, 생각하는 것, 말하는 것, 느끼는 것들에 관한 문화적 유형이다. 그러나 내면적 문화(Implicit Culture)는 문화의 심층적 차원의 구조를 말하는 것으로 인간이 깊은 차원의 행동들에 대한 가정들, 평가들, 주위에서 일어나는 일들을 선택하거나 추론하거나 해석하는 것, 그리고 어떤 일에 대한 가치를 판단하는 것, 가치실현을 위해 자지자신을 헌신하는 것 등을 말한다.

아가페적 관심의 대상이 되는 문화의 보편적 특성들은 몇 가지로 요약할 수 있다. 첫째, 문화는 삶에 대한 총체적인 구조를 가지고 있다. 문화는 통합된 체계로서 인간의 삶의 모든 영역에 관여하고 있다. 문화인류학자들은 문화의 총체적인 구조는 세계관을 심층구조로 해서 다양한 하위문화(Subculture)로 나누어진다고 한다. 이것은 크게 사회 하위문화, 경제적 하위문화, 교육적 하위문화, 정치적 하위문화, 언어적 하위문화, 종교적 하위문화로 나누어진다. 표에 나타나듯이

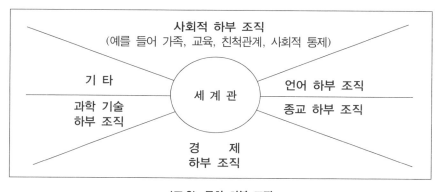

〈표 2〉 문화 하부 조직

문화 하부 조직들은 세계관이 여러 가지 문화 행동으로 표현되도록 한다. 이렇듯 문화는 총체적인 구조를 가지고 있기에 문화권 속에서 이루어지는 모든 일은 우연히 나타나는 것이 아니라 문화의 통합된 체계에서 나타난다.

둘째, 문화는 적응 체계와 대처기법을 가진다. 문화는 사람들이 생존하며 문화적 행위를 하는데 있어서 그 문화가 속해 있는 지정학적 환경이나 삶의 경험에서 발전되기에, 생태학적 환경과 사회적 환경에 적응할 수 있도록 문화적 유형과 전략을 제공해 준다. 예를 들면 필리핀 사람들은 오징어를 요리할 때 먹물을 빼지 않고 그대로 요리한다. 그래서 필리핀의 오징어 요리는 시커먼 먹물과 함께 제공된다. 우리처럼 먹물을 빼고 깨끗이 손질해서 먹는 사람들이 보면 먹기 힘들다는 생각이 든다. 그러나 필리핀처럼 더운 지역은 음식이 쉽게 상하기 때문에 자칫하면 배탈이 날 염려가 많다. 오징어의 먹물은 사람이 먹었을 때 배탈이 나는 것을 막고 소화가 잘 되도록 돕는다. 또한 중국은 물에 석회질이 많기 때문에 그냥 마실 경우 담석에 걸릴 확률이 높다 그래서 중국인들은 물대신 차를 끓여먹는 습관이 생겼다. 이와 같은 예는 문화의 적응 체계를 보여 준다. 소화와 배탈을 방지하는 필리핀인들의 음식 문화나 식수의 문제를 식수대용의 차 문화로 전환한 중국인들, 이 모두는 문화가 사람들의 생존과 환경의 대처기법으로 작용하는 것을 보여준다.

셋째, 문화는 모든 행동 양식에 의미를 부여한다. 문화권 속에서 행해지는 모든 것은 제각기 문화 속에서 그 의미를 내포하고 있다. 미국사람들은 오른손을 활짝 펴서 높이 치켜 올리며 쥐었다 폈다를 반복한다. 이것은 사람들이 헤어질 때 잘 가라는 표시이다. 하지만 한국에서는 이리로 오라는 표시로 받아들인다. 만일 이런 손의 표식을 통한 그 문화권에서 통용되는 묵음 언어(Silent

Language)의 뜻을 알지 못한다면 의사소통에 방해를 받는다. 인도 사람들은 오른손과 왼손의 구별을 선과 악의 이분법적으로 생각한다. 오른손은 신성하다 하여 오른손으로 음식을 먹고 서로 인사를 나누는데 사용하나 왼손은 신성치 못한 손으로 용변을 처리 하는데 사용한다든가 더러운 것을 만질 때 사용한다. 인도 사람들의 오른손과 왼손에 대한 생각은 오랜 세월동안 인도 문화 속에서 특별한 의미로 전승되었다 만일 비인도인이 인도인의 문화적 의미를 파악하지 못하고 왼손으로 식사를 한다든가 악수를 하면 문화적 충격이 일어난다. 따라서 문화권 속에서 일어나는 모든 행위는 그 의미가 있음을 알아야한다.

넷째, 문화는 개인을 통해서 문화변혁을 이룬다. 문화 변혁은 본질적으로 문화권 속의 개개인의 변화를 통해서 이루어진다. 문화 변혁은 개개인의 변화 과정을 통해서 총체적인 구조적 변화로 나타난다. 문화의 심층 구조인 세계관은 사람들의 마음속에서부터 비롯되며 이것이 문화 속의 개개인들을 통해서 총체적인 영향을 나타내는 것이다. 이러한 문화의 특성은 타문화권 선교 현장에서 선교방법으로 잘 사용된다.

타문화권 속의 영향력 있는 지도자가 선교사를 통해 복음을 받고 회심하게 되면, 그는 자신의 영향력의 범위 안에 있는 사람들에게 복음적 영향을 나타내게 된다. 이를 통해 선교사는 복음 증거의 접촉점을 확보하게 되며, 궁극적으로 많은 사람들을 회심케 하는 결실이 맺어진다. 이후에 그들의 삶이 복음으로 변화됨으로써 가치관의 변혁이 일어나서 문화 속의 세계관의 변혁으로 나타나는데, 이것은 궁극적으로 사회구조의 변혁을 일으킨다.

예를 들면 필리핀 소수 부족인 아이타(Aetas)족은 일부다처제의 결혼 문화를 갖고 있었다. 이들의 전통적인 결혼 문화는 결혼할 때 남자가 여자집에 도리 (Dori)라는 여자의 몸값을 주고 여자를 데리고 온다. 도리를 줄 수 있는 남자의 재력에 따라 아내의 수도 결정된다. 이런 결혼 문화를 가지고 있는 아이타족에게 선교사가 들어가 선교할 때 그 종족 중 가장 영향력 있는 추장과 접촉점을 갖고 그 추장을 복음화시킴으로 복음이 추장의 영향력(Network)을 통해 그 마을에 전파된다. 이후 이 부족은 일부다처는 하나님의 뜻이 아니므로 일부일처의 결혼 문화로 바꾼다. 이 예를 통해 문화 변혁은 사회 구조 속에 있는 개개인이 먼저 복음을 통해 신앙을 받아들이고, 하나님과의 관계가 회복되어야 그가 속한 집단 의 문화가 변화되고 그 사회를 변화시킬 수 있다. 따라서 문화 변혁은 개인을 통해 서 이루어진다.

다섯째, 문화는 학습을 통해 문화가치를 유지한다. 문화적 가치는 문화의 하위 구조인 교육 제도나 학습을 통해서 그 문화권의 사람들에게 전수된다. 또한 문화 의 다른 하위 영역 안에서도, 의식적이든지 무의식적이든지 그 하위 영역의 가치 관이 사람들에게 다양한 방법을 통해서 전달이 된다. 이런 과정을 통해서 동일 문화권의 세계관은 공유되어지며, 과거와 현재, 미래의 세대들에게 문화적 가치 가 보전되거나 계승되어진다. 문화적 가치가 그대로 보존되는 경우를 보면, 한국 문화권에 있어서 나이 어린 사람이 윗사람을 만났을 때 악수를 청하지 않고 일어 나서 머리를 숙여 인사하는 문화는 몇 대를 거쳐 학습되고 전승된 것이다. 또한 서로 처음 만나는 남녀가 인사를 나눌 때 코를 비비거나 입을 맞추지 않고 거리를 두고 인사하는 것, 새해에 어른들께 세배 하는 행동 등은 한국의 전통 문화가 학습 을 통해 계승된 것이다.

여섯째, 문화는 문화적 가치를 재해석한다. 시대와 세대가 바뀜에 따라 문화적 가치관이 혁신적으로 변화하여 과거의 문화가치를 재해석하는 경우를 말한다. 과거 제한된 기술과 물질로 인하여 일반적으로 경제적인 어려움이 있었다. 경제가 어려웠을 때 물자를 아끼고 절약하는 것이 미덕이었지만, 오늘의 풍요한 물질문명의 발전은 사람들로 하여금 필요로 하는 상품을 적극적으로 사게 하고 소비를 적절히 장려함으로 경제가 활성화되어 모든 사람이 풍요로움을 누리도록 하는 가치관을 추구한다. 이런 현상은 기존의 가치나 믿음에 크게 어긋나지 않는 한도 내에서 문화는 문화 형태의 용도를 변경하거나 재해석함으로써 변화하고 발전하려는 경향이 있음을 보여준다.

2 | 아 가 페 로 문 화 를 변 혁 하 라

문화는 인간의 총체적 모습이며 인간은 문화를 떠나서는 이해할 수 없는 존재이다. 그렇다면 신학적 관점에서 인간의 문화는 어떻게 이해될까? 복음과 문화의 관계성을 연구한 리차드 니버(Richard Niebuhr)는 인간의 문화와 복음과의 관계를 다섯 개의 문화 모델로 설명한다. 다음에 정리한 리버의 다섯가지 모델은 인간의 문화와 기독교의 상관성을 이해하는 데 도움을 준다.

첫째 모델은 문화에 대립하는 그리스도이다. 이 모델은 니버의 첫번째 모델로 초대 교부로서 북아프리카의 터툴리안이 가졌던 입장이며, 톨스토이의 입장이기도 하다. 이 모델은 공통적 전제가 문화에 대해서 매우 부정적이며, 문화는 죄악의 온상이며 하나님의 심판의 대상이 된다. 그리스도와 문화는 아무런 상관이 없고 오직 적대적인 관계일 뿐이다. 현대 신학에 있어서는, 근본주의 신학이 이 입장을 가지고 있으며 이 견해는 현세에 대해 매우 부정적이며 오직 그리스도의 재림으로 도래하는 하나님 나라만을 고대하는 내세적 입장이다. 이 모델의 문제점은 문화에 대해서 염세주의적이며, 그리스도 안에서의 하나님의 통치권을 약화시키거나 부인하는 점이다.

둘째 모델은 문화의 그리스도이다. 문화의 발전이 하나님의 뜻으로, 지상에서 이상적인 문화를 건설하는 것이 가능하며 이것이 하나님 나라가 된다는 생각이다. 이 모델은 문화 이론에 있어서 진화론적이고 발전주의적이며, 문화상대주의적 입장을 취한다. 이 모델의 신학은 문화에 대한 긍정적 전제를 가지고 출발한다는 입장이다.

이 이론의 문제점은 문화에 대해 지나친 낙관주의를 가진다는 것이며, 인간 자신이 실상 하나님의 위치에서 이상적 문화를 건설할 수 있다는 인본주의적 경향을 갖는다. 오늘날 현대 신학 중 도드(Dodd)의 윤리신학, 불트만의 실존주의 신학, 하비 콕스의 세속신학, 에큐메닉 진영의 하나님의 선교신학 사상의 기반이 된 모든 상황화(Contextualization) 신학이 여기에 해당된다.

셋째 모델은 문화 위에 있는 그리스도이다. 크래프트는 이 모델을 좀 더 일반적인 의미로 사용하고 있다. 그리스도가 문화의 주인이심을 철저히 인식하고 동시에 그리스도는 문화 속에서 일하신다는 것이다. 크래프트처럼 이 모델을 일반적인 의미로 사용하면, 하나님은 문화를 초월해 계시면서도 동시에 문화 속에서 일하시는 모습으로 해석된다. 그러나 중세 로마 카톨릭 교회처럼 문화 속의 주인인 그리스도가 로마교회의 독점물인 것처럼 생각하고, 로마교회가 중심이 된 신정(神政) 문화 변혁을 시도한다면 이것은 잘못된 일이다. 그리스도는 보편적이며 모든 교회의 머리가 되신다. 중세처럼 로마교회만이 참된 교회라고 주장한다면 이것은 하나님의 보편성을 인정하지 않는 편협한 문화관이다. 하나님은 인간의 모든 영역에서 주권 (Lordship)을 갖는 분이시다.

넷째 모델은 역설적 관계를 가진 그리스도와 문화이다. 이 모델은 그리스도가 문화의 주인인 것은 알지만, 문화에 대해서 부정적인 생각을 가지는 것이다. 문화를 인정하긴 하지만 할 수 없이 하는 것이요, 문화에 대하여 어떤 변혁의 의지도 가지고 있지 않다. 이 모델은 본질적으로 문화에 대하여 이중적인 태도를 가지고 있다. 문화 속에서 살아야 하기에 문화를 인정하지만, 문화에 대하여 부정적이고 두려운 생각을 가지고 있다. 따라서 교회 공동체가 하나님의 나라를 지상에서 대변하며 그 교회 공동체 안에 있을 때만 안심할 수 있고, 교회를 떠난 세상에서는 항상 불안하게 된다. 이 모델의 문제점은 그리스도의 변혁의 능력을 믿지 못하고 세상에 대하여 지나치게 소극적이고 방관적인 것이다. 이 모델의 신학적 유형은 인간의 영역과 하나님의 차원을 이원론적으로 구분한 칼 바르트의 초기 신학이며, 루터란 신학의 이원론적 왕국 신학의 모습이기도 하다.

다섯째는 문화의 변혁자 그리스도 모델이다. 이 모델은 그리스도가 문화의 주재자가 되시며 문화를 통해서 일하심을 확신한다. 이 모델은 문화의 기원이 하나님의 창조의 언약으로부터 시작되었고 문화 속에 하나님의 은총이 있음을 인식한다. 문화의 이런 역할과 기능은 인간은 지상에서 멸망하지 않고, 하나님이 주신 문화의 은총으로 말미암아 자연을 다스리고 통치하는 만물의 영장으로 번영을 추구할 수 있다. 그러나 문화는 죄의 문제를 해결할 수 없으며, 더욱이 죄의 영향력에서 벗어날 수 없다. 따라서 문화는 그리스도의 복음을 통하여 새로워져야 한다. 이것은 그리스도를 통해서 하나님의 통치권이 문화의 모든 영역에서 회복되는 것을 의미한다. 이 모델을 받아들이는 사람들은 문화 변혁에 대한 책임감을 느끼지만, 지상에서 이상적인 문화 변혁을 인간의 노력을 통해서 이룰 수 있다고 낙관하지는 않는다. 따라서 하나님께서는 기독교 공동체를 통해서 하나님 나라의 문화 변혁을 일으키시는데, 이런 문화 변혁을 통해 하나님나라 문화가 이루어진다.

3 │ 아 가 페 의 문 화 를 바 라 보 며

기독교 복음을 전하는데 있어서 문화적 요인을 무시한다면 복음은 전파되지 않는다. 효과적인 복음전파를 위한 복음과 문화의 신학적 정립을 위해 1978년에 로잔느 복음화 대화(The Lausanne Committee for World Evangel-ization)의 신학분과위원회가 모여 버뮤다의 윌로우뱅크에서 윌로우뱅크 보고서를 만들었다. 이 보고서에 따르면 문화의 기원을 하나님의 형상으로 지음 받은 인간에게 주신 하나님의 창조 언약으로부터 설명하는데, 그것은 창세기1장 26절까지 말씀이다. 여기에는 하나님이 지으신 모든 피조물에 대하여 인간에게 생육하고 번성하여 땅에 충만하고 모든 생명체들을 다스리라는 말씀이 나온다. 또한 하나님은 "아담을 이끌어 에덴동산에 두사 그것을 다스리며 지키게 하신다."(창세기 2장 15절) 우리는 이 구절에서 에덴동산을 다스리도록 한 하나님의 명령을 볼 수 있는데 이 하나님의 명령이 창조 언약 속에 내포되어 이것이 바로 문화의 기원이 된다고 하였다. 윌로우뱅크 보고서는 더 나아가서 문화 용어의 기원에 대해 창세기 28절의 '정복하라'는 라틴어 용어 'cultura'에서 영어의 문화를 의미하는 'culture'가 기원되었다고 한다. 따라서 문화의 기원을 하나님의 창조 언약으로 보며, 문화를 인간에게 허락하셔서 하나님이 지으신 피조물의 세계를 다스리도록 하신 목적은 하나님의 영광을 위한 것임을 밝히고 있다.

이렇듯 하나님의 영광을 위해 주어진 문화는 모든 피조물 세계에 대하여 청지기적인 책임을 지도록 요청하고 있으며, 이것이 인간으로 하여금 문화적 행위를 통하여 하나님의 뜻을 수행하도록 하는 원동력이 된다고 하였다. 따라서 우리는 문화를 통하여 절대가치인 하나님의 복음이 이 땅에 퍼져가도록 노력해야 할 책임을 지닌다.

더 생각해 볼까요?

>> 문화의 시대라 불리우는 우리시대에 문화를 정의할 때 참고할 수 있는 여섯가지 요소들은 어떤 것입니까?

>> 기독교와 문화의 관계를 설명할 때 가장 많이 인용되는 니버의 다섯가지 모델은 각각 어떤 특징을 가지고 있습니까?

>> 기독교가 말하는 문화명령이란 무엇입니까? 그것은 단지 문화적 사명의 필요성을 말하는 것입니까? 혹은 문화적 책임성을 말하는 것입니까?

아가페,
온누리에 전파되다

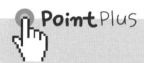

>> 아가페의 공동체로서 기독교가 해야 할 일 중에 선교한다는 것은 무슨 뜻일까요? 그것은 전도한다는 것과 어떻게 다릅니까?

>> 국제화시대를 맞이하여 많은 사람들이 해외문화를 체험하고 있습니다. 세계 각지에 한국인 선교사들이 파송된 것은 어떤 면에서 긍정적이라 할 수 있나요?

>> 주변에서 해외단기선교를 다녀오는 경우들을 볼 수 있습니다. 해외단기선교란 무엇이며, 어떤 의의를 가지고 있나요?

예수님께서 예루살렘을 불쌍히 여기며 눈물을 흘리신 눈물교회

1 │ 전 할 수 록 커 져 가 는 아 가 페

사례 1 │ 로힝야(Rohingya) 종족은 벵갈만 동쪽 해안을 따라 350마일을 뻗어있는 북서 미얀마의 아라칸 지역에 살고 있다. 이들 종족의 수는 100만명 정도이며 수니파 무슬림들이다. 이들은 대다수가 불교도인 그곳에서 소수종족에 속한다. 방글라데시에는 50만명의 로힝야 종족이 살며(그중 20만 명이 피난민), 파키스탄에 20만, 사우디 아라비아에 20만, 카타르, 아랍 에미리트, 인도, 중국에 나머지들이 살고 있지만 이들 가운데는 단 하나의 교회도 없으며, 단 한사람의 기독교 사역자도 없다 따라서 이들은 예수 그리스도의 구원의 은혜를 듣지 못하고 죽어 가고 있다. 로힝야 종족 뿐아니라 전세계에서 주님의 복음을 듣지 못하고 죽어 가는 영혼구원을 위해 기독교인들이 헌신해야 한다. 이것이 바로 선교이다.

사례 2 │ 미국에 살고 있는 미얀마인 하이붕씨는 하루에 200통 이상 메일을 전세계에 보내고 있다. 그 내용은 미얀마내의 소수 부족인 첸족의 상항을 국제 사회에 알리는 것이다. 첸족은 기독교인이라는 이유로 미얀마 정부로부터 갖은 탄압을 받고 있다. 미얀마 인임에도 불구하구 그들에게는 교육의 기회도 취업의 기회도 주어지지 않는다. 하이붕씨는 극심한 인권탄압을 받고 있는 첸족이 인간의 기본 권리를 누리는 것이 하나님의 뜻이며 이를 이루기 위해 노력하는 것이 선교라고 말한다.

선교(Mission)라는 말은 현대 기독교인들의 단어 중에서 가장 정의하기 어려운 용어 중 하나이다. 왜냐하면 선교는 각기 다른 환경과 상황에서 그 정의가 내려지기 때문이다. 선교란 잃어버린 자의 영혼 구원과 교회의 설립, 하나님 나라의 완성 또한 하나님의 영광을 위하여 그의 완전한 말씀을 모든 나라에 선포하기 위해 선교사를 보내는 하나님의 일을 말한다. 그러므로 선교란 용어는 아직 복음을 모르거나 조금밖에 모르는 사람들에게 하나님의 복음을 전하는 일을 말한다. 사실 선교는 하나님의 계획이며 역사이다. 선교라는 단어의 어원을 따져 볼 때 선교 즉, Mission은 라틴어 *Mitto* "내가 보낸다"에서 유래된 것으로 희랍어 아포스텔로($\alpha\pi o\sigma\tau\epsilon\lambda\lambda\acute{\omega}$)와 펨포($\pi\epsilon\mu\pi\omega$)에 해당된다. 아포스텔로는 신약에 135회, 펨포는 30회 각각 나타나고 있는데 이 뜻은 "파송"을 의미한다. 영어의 Missionary는 13세기 천주교 수도원에서 사용한 것으로 초대교회의 사도의 개념과 같이 세상에 보냄을 받아 세상을 구원하기 위한 하나님의 청지기로서의 사명을 받은 자를 지칭하였다.

기독교에서 초창기 선교의 의미는 지리적 의미로 이해되었다. 이는 "가서 모든 족속으로 제자를 삼으라"(마 28:16-20)는 지상명령과 "예루살렘과 온 유대와 사마리아와 땅 끝까지 이르러 복음의 증인이 되리라"(행 1:8)는 성경말씀은 그 안에 기본적으로 지리적인 개념을 품고 있다. 따라서 근대선교 운동의 발전 과정도 지리적 확대의 형태로 이루어졌다. 특히 15세기 말 새로운 항로발견과 신대륙 개척이 활발해지면서 전개된 기독교 선교도 서방의 기독교 지역에서 비기독교지역인 다른 지역으로 확산되어 가는 과정을 겪었다. 이러한 지리적 개념의 선교는 17세기초 보에티우스(G. Voetius)에 의해 선교의 목표를 '이방인의 회심', '교회의 설립', '하나님께 영광'이라고 하는 구체적 선교개념으로 정립되고 이러한 보에티우스의 선교개념은 20세기까지 그대로 전승되었다. 다만 시간이 지날수록 선교의 목적이 인간의 영혼구원에 초점을 맞추어 진행되었다. 이렇듯 선교의 목표가 인간의 영혼구원에 맞혀진 후 기독교 선교는 그 범위를 크게 벗어나지 못한 채 전개되었다. 이후 경건주의자들에 의해서 개신교 선교운동이 본격적으로 시작될 때 보에티우스의 선교 목표는 경건주의자들에게 지대한 영향을 미치게 되었다. 인간영혼구원을 제1의 선교의 목표로 삼았던 경건주의자들은 이후 모라비안 선교, 선교회들의 선교 및 근대선교의 핵심을 이루었다.

비록 20세기로 들어오면서 경건주의자들의 영향력이 감소되었다 해도 아직까지 많은 선교회나 선교단체들이 품고 있는 선교관에 절대적인 영향을 주고 있다. 이 같은 개인의 영혼구원과 토착교회 설립의 선교관이 20세기 선교를 상당기간 동안 지배하며 선교는 복음을 듣지 못한 자들에게 전도하는 것으로 강조되어 왔다.

그러나 1928년 예루살렘 국제선교회의에서 "대전도(Larger Evangelism)의 개념"이라는 신용어로서 선교는 영혼만을 구원하는 것이 아니라 육체의 문제도 관심을 두어야 한다는 이론이 등장한다. 그리하여 1958년 선교는 하나님이 하신다는 "하나님의 선교"가 등장하여 새로운 선교 패러다임이 만들어진다. 새로운 선교란 개인구원보다 사회구원에 중점을 두는 것이다. 하나님의 선교 신학을 발전시키는데 공헌한 신학자는 호켄다이크(Hoekendijk)이다. 그는 선교신학의 세속화를 주장하면서 개인구원 중심의 선교는 기독교의 근본 진리의 왜곡이라 비판하고, 선교를 '선포', '교제' 및 '봉사'로 주장한다. 그러나 그가 말하는 '선포', '교제', '봉사'는 전통적인 성경적 개념에 있어서는 차이가 있는 것으로, '선포'란 평화가 이미 도래하여 그리스도가 현존하고 있음을 선포하는 것이며, '교제'는 이미 사람들 가운데 나타나 있는 평화를 표현하는 것이며, '봉사'는 평화를 의미하는 겸손한 언어를 번역한 것이다.

호켄다이크의 하나님 나라(Missio Dei)의 선교개념은 에큐메니칼 선교 신학에 영향을 미쳐 1960년대에 에큐메니칼 선교신학은 사회문제에 본격적인 관심을 가지기 시작하며 인간화를 선교의 주목표로 정의하게 되었다. 1966년 제네바에서 모인 총회에서는 "교회와 사회"라는 주제를 통해 "타자를 위한 교회" "세상을 위한 교회"를 주장하였으며 1968년 웁살라에서 모인 제 4차 총회에서는 선교의 목표를 인간화로 규정하였다.

이후 하나님의 선교를 이론적으로 체계화한 사람은 독일의 휘체돔(G. F. Vicedom)으로 "선교란 더 이상 교회의 선교가 될 수 없고 오직 '그의 선교' 곧 '하나님의 선교'라 주장한다. 그는 선교는 하나님께서 그 아들을 이 세상에 파송하는 것으로 생각하면서 이 파송 안에서 하나님은 항상 일하신다고 주장한다. 또한 선교활동의 내용을 선교사들의 활동에 국한시키지 않고, 역사 안에서 일하시는 하나님의 활동에 참여하는 모든 일들을 선교 활동으로 보았다.

결국 이러한 관점은 하나님의 선교가 오늘날 목회나 전도는 물론 사회사업이나 구제까지도 선교라고 보게 된 배경이 되었다. 또한 이 에큐메니칼 선교신학자들은 선교의 본질이 개인의 영혼구원 보다도 대화와 상호이해에 있으며 교회설립보다는 사회적, 경제적 및 정치적 구조 악을 제거하여 평화를 가져오는 데 있다고 주장하였다. 선교의 주된 임무는 이 땅에 평화를 건설하는 것이라고 말한다.

선교의 정의가 개인구원과 사회구원의 상반된 입장으로 나뉘어 논쟁할 때 현대 교회성장학의 창시자인 맥가브란(Donald A. Mcgavran)은 "예수 그리스도의 복된 소식을 전파하여 사람들로 하여금 하나님의 신실한 일꾼과 예수의 제자가 되도록 하여 성령이 인도하시는 대로 전도와 사회 정의를 위한 일을 하며, 하나님의 뜻이 하늘에서 이룬 것 같이 땅에서도 이루게 하는 것"이 선교라고 선교의 개념을 정의하며 성서적 근거의 선교관을 제시하였다. 맥가브란은 "선교에서 분명한 것은 영혼의 구원에 우선순위를 두고 있다. 그러나 동시에 정의사회가 이 땅에서도 이루어지도록 하는 것이 선교"라 하였다. 다시 말해 선교란 타문화권에 복음을 전파하여 영혼을 구원하고 그들을 교회의 책임적인 구성원이 되도록 하여 정의를 이 땅에서 실천하여 하나님의 뜻이 성취되도록 하는 것이다.

맥가브란 뿐아니라 영국의 존 스토트도 에큐메니칼 선교신학 입장과 복음주의 선교신학 입장의 선교 개념의 두 입장의 양극화를 절충하기 위해 노력하였다. 그는 "교회는 봉사의 단체일 뿐 아니라 예배의 단체이며, 예배와 봉사가 서로 소속적이지만, 혼동될 성질의 것은 아니다" 라고 하였다. 그리하여 그는 복음전도와 사회활동은 동반자라는 이해를 하며 복음전도와 사회활동을 포함하는 넓은 의미의 선교관을 주장했다. 케인(J. Herbert Kane)도 선교를 영혼구원과 사회봉사로 해석하며 존 스토트와 인식을 같이하고 있다. 그의 입장에 의하면 선교는 전도뿐만 아니라 교회 개척과 의료봉사, 교육봉사사업, 농업사업 등 모든 봉사 활동도 선교에 포함시켜야 한다는 것이다. 따라서 선교란 영혼구원과 사회구원의 이분법적으로 생각해야 할 것이 아니라 이 둘을 총체적으로 생각하는 통전적 선교 개념으로 이해해야 한다. 따라서 현대 기독교의 선교의 개념은 개인의 영혼구원과 개인이 속한 사회에 하나님의 나라가 건설되어 정의와 평화가 구현되는 통전적 의미로 정의된다.

2 | 성 서 적 선 교 와 아 가 페 적 관 심

바빙크(Bavinck)는 선교에 대한 개념 정리는 선교의 성서적 근거를 통해서 해야 한다고 주장한다. 그는 선교는 성서 비추어 선교의 실제적인 개념으로 정리되어야 한다고 말한다. 구약은 모든 나라에 선교해야 할 근거와 의미를 제공한다. 그리하여 선민 이스라엘의 사명은 만방 가운데서 하나님의 우주적인 통치성과 선하심을 나타내는 것이었다. 이러한 특수주의(Particularism)는 영구적인 것이 못되고 하나님의 세상에 대한 우주적인 목적을 위한 도구인 것이다.

구약의 선교관은 두 가지 측면에서 바라볼 수 있다. 첫째, 하나님의 보편성이다. 블로우(Johannes Blauw)는 구약의 선교이해의 열쇠는 창1장에서 11장까지 있다고 말한다. 여기서 말하는 보편성이란 선교 교리의 근거이며 마28:19-20의 지상명령의 불가결한 근거가 된다. 하나님의 보편성은 시42:1-2에도 잘 나타난다. 하나님께서 다만 유대인의 신이라면 선교란 아무 의미가 없다. 이 하나님의 보편성에 대한 이해와 함께 뗄 수 없는 것은 "구속적 책임적 존재"로서의 인간 이해이다. 이 말은 사람의 사람됨(Manness)이 사람에게 있는 것이 아니라 하나님과의 관계에 달려 있다는 것이다. 그러나 인간이 범죄함으로 하나님의 형상을 잃었으나 예수 그리스도로 말미암아 하나님의 형상이 회복되었다. 이 사실을 바울은 예수의 2중 중보직(dual mediator)으로 설명하며 그리스도는 창조주요 구속주임을 주장한다.

둘째, 이스라엘 및 이방과 구속사적 관계이다. 창세기 12장부터 인류중 선택 받은 아브라함의 한 가족에 관한 기록으로 좁히고 있다. "땅의 모든 족속이 너를 인하여 복을 얻을 것이니라"(창12:3)고 함으로써 이스라엘과 이방과의 구속사적 관계를 말해준다. 이렇게 함으로 하나님의 역사와 이스라엘의 역사를 연결짓는 것으로 여호와 유일신 신앙을 토대로 한 세계주의가 그 연결의 고리가 된다. 그래서 쿨레(Bengtsund Kler)는 "선교의 역사는 아브라함으로부터 시작한다"고 말한다. 하나님과 아브라함의 언약은 온 인류와의 계약이고 이스라엘의 출애굽에 의해 선택이 완성됨으로 이스라엘이 이방인 중에서 선교의 사명을 갖게 됨을 보여준다. 즉, 가나안에서 "이방의 빛"으로 출애굽의 증언자로 그 책임을 지게 되는 것이다.

신약에서 선교의 근거는 예수께서 하신 사역과 말씀들에서 찾을 수 있다. 예수의 사역이 팔레스타인에 한정되었던 것을 들어서 예수의 선교적 범위를 팔레스타인 지역과 유대인으로 제한한다면 그것은 큰 오해이다. 예수의 사역이 팔레스타인에 한정되었던 것은 첫째, 구원이 선민에게 먼저 제공되어야 했다는 것과 둘째, 세상 죄를 지고 죽는 하나님의 어린양이신 예수의 희생 후에야 복음의 세계성이 발효되기 때문이다. 히브리서 13:12에 "그러므로 예수도 자기 피로써 백성을 거룩케 하려고 성문 밖에서 고난을 받으셨느라"는 말씀대로 예루살렘 밖에서 죽음을 당하셨다. 성문 안에서 대제사장에 의해 반복된 유대인만을 위한 미완성의 제사가 종결되고 성문 밖에서 세상의 죄를 대속하는 제사가 완수된 후에 비로소 그 복음이 세계로 전파되게 되었던 것이다. 셋째, 예수는 제자들에게 자기 임무를 위임하는 방법을 택하였었다. 예수는 사람을 제자로 삼아 그들에게 자기 사역을 위임하였다. 그 제자들이 다시 예수의 제자들을 만들어 예수의 일을 위임하면서 반복해 나가는 형태인데, 제자들에게 위임한 사역의 핵심이 하나님 나라(Kingdom of God)였다. 이 하나님의 나라는 역시 샬롬으로 요약되는 하나님의 다스림이 핵심을 이루는 사상이다. 동시에 예수께서 고난의 종으로 살고 죽는 방법으로 하나님 나라의 선교를 수행하였다. 바울도 사도행전 20:23-35, 고린도후서 6:3-11, 11:23-29 등에 말한 것처럼, 아무 것도 소유하거나 자기의 탐욕을 성취시키려는 의도가 없이 항상 자기의 모든 것을 주고 복음을 전하려 했다.

3 | 온 누 리 에 전 해 야 할 아 가 페

선교는 주께서 교회를 부르시고 기독교인들에게 명하신 명령이요 그들에게 부과된 최대의 과업이다. 이것이 바로 교회를 교회 되게 하는 것으로 교회 존재의 목적이며 사명이다. 또한 교회는 선교적 공동체로 포괄적이며 결정적인 교회의 사명은 선교의 사명과 세계를 위한 봉사자가 되는 것이다. 오순절사건은 창조, 성육신, 재림과 더불어 중요한 역사적 사건에 속한다. 바벨탑 사건 이후의 언어 혼란과 분산된 인종이 오순절 사건의 방언으로 인해 다시 한가지로 통하는 현상이 일어났다. 이 현상은 예수 그리스도 안에서 모든 족속이 하나님의 자녀로 탄생하는 새 시대, 즉 교회시대가 전개됨을 선포하는 상징적 의미를 나타내고 있는 것이다.

초기 신앙 공동체는 선교적인 예수 공동체로 출현하게 되었고, 선교를 통하여 각지로 퍼져 갔는데, 바울은 이런 공동체를 에클레시아(Ecclesia)로 명명했던 것이다. 그것은 공적사명을 수행하기 위해 선택된 특수집단, 즉 사람들을 위한 것이다. 이렇게 발생된 교회는 선교와 교회가 일치되어 있는 선교공동체였다. 따라서 선교는 교회의 사역이었고, 교회는 선교적인 교회(Missional Church)이었다. 따라서 초대교회는 선교 공동체가 아닌 공동체는 교회다운 교회가 아니었다. 선교하는 교회일 때 교회가 참된 면모를 갖추게 된다.

교회의 나가고 모이는 구조를 윈터(Ralph Winter)는 하나님의 선교활동의

2대 구조라 말하였다. 그리고 그는 이 두 구조를 두고서 모달리티(modality)와 소달리티(sodality)라는 용어를 사용하였다 모달리티는 성별이나 연령의 구별없이 구성되어 교회내의 신자들의 양육과 봉사에 많은 관심을 가지며 지역주민들을 대상으로 전도하는 내부지향적 구조인 반면에 소달리티는 특별한 선교과제를 성취하기 위해 헌신된 그리스도인으로 구성되어 과제 지향적이며 타문화권에 가서 전도하는 것을 일차적인 관심으로 하는 외부 지향적 구조이다.

이와 같은 두 구조의 특성을 놓고 볼 때, 서로 공생하면서 상호 유기적으로 조화를 이루어 구속사역을 이루는 것이 교회의 이상적인 구조이다 선교는 교회 안에서 일어나는 운동이지만 교회 바깥세상을 위한 역할을 담당하는 구별된 사역이다. 모세도 시내산에서 내려왔고 예수님도 변화산에서 하산했으며, 바울도 놀라운 신비의 세계를 체험한 후 그의 전 인생을 세상 속에서 복음을 전라는 일에 헌신하였다. 이들의 공통된 특징은 세상으로 나와 길을 다니며 복음을 전하고, 노동하고, 수고하고, 삶 전체로 하나님의 나라를 증거한 사실이다. 데이비드 보쉬(David Bosch)는 "선교하는 사람의 영성은 수도원의 영성이 아니라 길 위의 영성이었다"고 표현하며 하나님의 사람들(개인, 공동체)은 세상 속에서 하나님을 드러내며 살아야한다고 말한다. 이것이 교회와 기독교인의 사명인 것이다.

사도행전 13장에 나타난 교회의 선교적 기능과 역할을 보면, 그것은 첫째로 주를 섬기며 금식할 때 성령이 지시하셨다는 사실, 둘째, 사람의 선택이다. 주께서 시키는 특별한 일을 위하여 사람을 선택하는 일은 성령이 하시는 일이다. 그러나 이 선택의 인식이 교회에 주어졌으며, 선택받은 사람이 교회 외부에 있었던 것이 아니라 교회 안에 있었다는 것이다. 셋째로는 주께서 위임하신 일을 사람이 선택한 후에 교회가 한 일은 금식하며 기도하고 안수하여 교회 밖으로 보내는 일이다. 그 후에 이방인을 위한 선교의 사역은 이 기름부음을 받은 집단의 집단적 지도력이 전담사역을 하게 된다.

선교는 교회에 명하신 주님의 명령이므로(행 1:8, 마 28:18-20) 교회가 하면 더 좋고 하지 않아도 별 문제가 없는 그런 차원의 것이 아니다. 즉, 선교는 교회에 부과된 짐이 아니라 교회 존재의 이유이며, 원인인 것이다. 교회는 예수 그리스도의 구속사역을 적용시키는 믿음의 공동체로 그 특징적 활동은 바로 선교인 것이다.

하나님께서는 모든 사람이 구원을 받고 진리를 아는 데 이르기를 원하신다. (딤전2:4) 선교는 하나님의 구속사를 이루는 방법이다. 선교는 하나님의 뜻이며 교회의 사명이다. 따라서 선교를 통해 이 땅에 하나님 나라가 실현되는 것이다.

더 생각해 볼까요?

>> 예수 그리스도의 구원의 소식인 복음을 전하는 일, 곧 선교를 해야 하는 가장
중요한 이유는 무엇입니까?

_____

_____

_____

>> 아가페의 말씀을 담은 성서에서는 선교해야 하는 가장 중요한 목적과 이유를
어떻게 설명하고 있습니까?

_____

_____

_____

>> 세상 속에서 하나님을 드러내며 살아야 한다는 것은 어떤 의미로 받아들여야
하며, 어떻게 실천해야 합니까?

_____

_____

_____

아가페,
생명을 존엄하게 하다

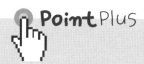

Point Plus

>> 아가페적 사랑의 대상이 되는 인간의 생명은 왜 존엄합니까? 그리고 어느 정도나 소중한 것이라 할 수 있습니까?

>> 생명복제기술에 대한 이야기들이 많아졌습니다. 당신은 생명복제에 대해 어떤 인상을 가지고 있으며, 찬성과 반대중 어느 쪽에 속합니까?

>> 노령화사회를 예측하고 있습니다. 장수하는 것은 좋은 일이지만, 육체적 생명이 영원할 수는 없습니다. 우리는 생명과 관련하여 어떤 관심을 가져야 합니까?

이스라엘 역사의 상징인 예루살렘의 '통곡의 벽'

1 │ 벼 랑 으 로   내 어   몰 린   생 명 존 엄

복제양 돌리의 탄생과 죽음, 휴먼게놈프로젝트(Human Genom Project)의 완성, 판코니빈혈의 치료를 위한 맞춤아기의 탄생, 유전자 형질변경 동식물의 탄생 등 새로운 윤리적 결단을 요청하는 문제들이 우리에게 다가오고 있다. 라엘리언의 개체복제아기의 탄생보도 해프닝에 이르기까지 생명공학의 발전을 둘러싼 이야기들은 이미 새로운 화두가 아니다. 생명복제(cloning), 뇌사와 장기이식, 인공임신중절(abortion), 현대적 의미의 안락사(euthanasia)와 의사조력자살(doctor assisted suicide)등은 생명의 존엄을 믿어왔던 우리의 신념을 송두리째 부정하며 존엄한 신체와 생명능력을 지닌 존재임을 자임했던 인간을 벼랑으로 몰아세우고 있다.

인간은 자신의 생명에 대해 살 권리(right to live)와 함께 죽을 권리(right to die)를 주장할 수 있는 존재인가? 안락사와 의사조력자살을 주장하는 사람들이 죽을 권리의 인정을 요청할 때, 기독교는 호스피스(Hospes) 봉사의 대안을 제시하면서 생명의 존엄을 위한 목소리를 높여왔다. 인간의 삶은 무엇을 기준으로 평가되어야 하는가? 삶의 양(quantity of life)인가? 삶의 질(quality of life)인가? 인간다움(personhood)는 의학적 소견에 따라 결정되어야 하는가? 인간존엄의 사회적, 종교적 가치에 따라 결정되어야 하는가? 생명의료과학의 발전은 윤리적 이슈들을 양산하고 있다. 생명이란 무엇이며, 무엇이 생명을 신성하게 하는 것일까?

예를들어 인격성(Personhood) 논의는 생명존엄의 근거를 성찰하게 만든다. 생명의료윤리에서 인격개념은 임신중절과 죽음의 정의, 안락사와 생명연장의 문제 및 인체실험에 이르는 결정함에 미심장한 역할을 한다. 침팬지 같은 인간 이외의 존재들이 인격으로 대우받을 수 있는가? 임신 3개월의 태아(fetus)와 회복불가능한 혼수상태의 환자(comatose)를 포함하는 생리적인 인간도 인격이라고 부를 수 있는 것인가? 아직 확인되지 않은 미지의 혹성에 살고 있을지 모르는 생명체나 천사, 혹은 로봇 등 인격이라고 부를 수 있는 또 다른 존재들은 없는가?

특히 의료분야에서 인격의 개념은 존엄한 인간으로서의 대우에 손색이 없는가의 문제로 환원된다. 이것은 환자에 대한 치료와 돌봄의 범위에 대한 이야기나 생명의 연장 및 임신중절과 같은 의료사안의 결정의 기준이 된다는 점에서 심각한 문제거리이다. 보통의 경우, '그는 하나의 인격체이다'라고 하는 말은 그 사람이 어떤 종류의 사람인지를 알려준다. 우리의 언어관습을 따라 인격이라는 말은 일정한 능력 또는 특성들을 지닌다. (1)의식적 존재(consciousness), (2)자아개념(self-concept)의 보유, (3)자아인식(self-awareness)의 가능성, (3)정서적 체험능력, (4)추론의 능력과 이해력, (5)미래의 계획능력, (6)자유의지에 따라 행위할 능력, (7)기쁨과 고통의 감지 등이 그것이다.

하지만, 이 문제가 그리 쉬운 것은 아니다. 상황윤리(situation ethics)를 말한 플레쳐(J. Fletcher)는 최소한의 대뇌신피질의 기능조차도 없는 개체를 '주체로 인정받을 수 없는 객체'라고 부르기를 제안한다. 그의 인간프로필 시안에서는 (1)최소한의 지능(플레쳐는 '호모 사피엔스'라는 기준에 비추어 본다면 IQ 40이하는 의심스러운 존재로 20이하는 인간이 아니라는 견해를 보이기도 한다), (2)자기인식, (3)자아통제, (4)시간감각, (5)미래감각, (6)과거감각(a sense of the past), (7)타자와의 관계형성의 능력, (8)타자에 대한 관심, (9)의사소통능력, (10)유기체적 통제능력, (11)호기심, (12)변화능력, (13)이성과 감정의 균형감각, (14)개체로서의 특이성(idiosyncrasy), (15)신피질 작용을 기준으로 제시하고 있다. 이러한 플레쳐의 주장에는 임신중절이나 안락사, 시험관 아기 등에 관한 상황윤리적 논지가 들어있다. 하지만 우리는 이러한 기준들을 어떻게 검증할 것이며 그 기준들이 초래할 결과들에 대해 어떤 관점을 취할 수 있을 것인가?

문제는 인격개념 논의가 생명존엄을 강화시키기보다 의도적 계산에 악용될 소지가 더 크다는 점이다. 생명의 가치에 대한 논의를 객관화하고 계량화할 공산이 크다. 더구나 새로운 권력으로 부상한 의료세력에 의한 일종의 조작의 우려가 크다. 치료와 돌봄이라는 의료의 본래적 기능보다는 생명통제 및 조작의 위험성에 근접하는 것인 아닐지 의구심이 든다. 특히 신자유주의적 효용성의 논리는 인격의 범위를 고무줄처럼 변용시킬 여지가 크다는 점에 특히 경계하여야 할 것이다.

어디까지가 인간다운 존재인지를 묻는 인격성의 범위를 논하거나 생물학적 생명과 인격체로서의 생명의 구분에 집착하는 것은 생명 그 자체의 가치와 존엄을 위협하는 결과로 이어질 수 있다는 데 우리의 염려가 있다. 인간존엄과 생명의 신성함이 재조명되고 그 가치가 구현되어야 한다는 것이다.

2 | 기 독 교 는 딴 지 꾼 인 가 ?

테크놀러지에 대한 평가는 매우 다양하다. 테크놀러지 발전을 놓고 기술능력의 극대화는 곧 사회의 합리화를 촉진할 것이라고 말하는 낙관론자들은 진보의 이데올로기를 추종하는 경향이 있다. 토플러(A. Toffler)의 프랙토피아(prac-topia), 매가트렌드(mega-trands)를 예견한 나이스비트(J. Naisbitt) 등 미래학자들의 주장과 학설들이 여기에 속한다.

그런가하면, 중립론자들은 기술이 인간의 목적과 목표에 완벽하게 토대를 두고 있는 중립적인 힘이라고 주장한다. 기술은 단지 도구일 뿐이며, 그 사용자의 문제가 더 중요하다는 입장이다. 조금 다른 관점이라 할 수 있는 기술현실주의에서는 테크놀로지를 사회적 역학관계에서 이해하려 한다. 기술체계가 그 자체의 능력을 가지고 있기는 하지만, 정치적 및 사회적으로 독립되어 있는 것은 아니며, 인간은 그 방향을 수정하거나 필요시는 그 작용을 억제할 수도 있다는 입장이다.

반면, 테크놀러지가 중립적이지 않다고 주장하는 사람들은 기술과 기술 도구, 기술제품은 중립적이고 다만 그것들이 사용될 때 가치평가 행위가 수반된다는 주장에 반대하면서, 기술자체에 이미 가치가 실려 있다고 말한다. 기술은 인간의 총체적인 경험에서 비롯된 것이며, 신념과 종교적 소신들에 의해 영향을 받는다는 것이다. 특히 비관적 입장에 속하는 사람들은 기술의 발전이 오히려 인간을 억압하거나 비극적인 미래를 야기할지도 모른다고 하는 반성적 관점을 제안한다. 테크놀러지 시대의 인간을 철제새장(iron cage)에 갇힌 존재로 설명하는 것도 여기에 속한다.

테크놀러지에 대한 기독교적 평가에서 참고할만한 것으로는 테크놀러지의 유사종교적 기능에 대한 예언자적 비판이다. 예를들어, 엘륄(Jacques Ellul)은 테크놀러지가 기독교적 인간관, 사회관과 충돌한다고 보았다. 그의 저술들은 일종의 기술시대를 향한 예언자적 관점이라 할 만큼 예리한 비판을 담고 있으며, 현대 사회는 기술생산성에 의해 기만을 당하고 있다는 주장도 특이하다. 심지어 기술을 숭배하는 정신상태는 기술이 마치 유사종교적 기능을 수행하는 것처럼 느껴질 정도라고 하며, 테크놀러지에 내재된 비인간화의 강력한 힘을 비판하면서, 그것들은 사랑과 정의의 성서적 정신에 반대되는 것이라고 주장한다.

이러한 주장들을 종합하여 볼 때, 기독교는 테크놀러지에 대한 낙관이나 비관 또는 중립의 입장을 넘어 비판적 혹은 책임적 관점을 견지하는 것이 바람직하다고 여겨진다. 테크놀러지에 대한 윤리적 견제와 비판을 통하여 그것이 책임적인 것이 될 수 있도록 하자는 것이다. 테크놀러지를 정죄하거나 거부하는 것으로는 현대문명사회를 바르게 파악하기 어려우며, 기독교가 더 큰 관심을 가져야 할 예언자적 기능에 충실하지 못하게 되는 결과를 낳을 수 있기 때문이다.

테크놀러지의 발전에는 또다른 양면성이 나타난다. 흔히 사용하는 표현법으로 하자면, 긍정적 기능과 부정적 기능 또는 밝은 면과 어두운 면이 공존한다. 테크놀러지에 관한 논의에 항상 따라다니는 질문은 그것이 인류에게 복이 될 것인가 혹은 재앙이 될 것인가 하는 점이다. 이처럼 테크놀러지에는 기대와 염려, 희망과 검증의 필요성이 공존한다. 누군가 재치있게 말한 것처럼, 테크놀러지는 결함있는 행운(defective luck)이기 때문이다.

상식적인 기대처럼, 테크놀러지의 발전은 삶의 여건을 개선하고 생명연장과 질병극복의 기회일 수 있다. 삶의 편의성을 높이고 상상으로만 내다보았던 미래를 오늘의 삶에서 구현할 수 있다는 기대에 부풀게 한다. 반면에, 삶의 내용과 생명존엄이 위협받는 위기를 초래할 수 있다. 헉슬리(A. Huxley)가 예견했던 『멋진 신세계』(Brave New World)의 실험장이 될 수 있다. 바로 여기에 윤리적 통찰의 필요성이 자리한다.

흥미롭게도, 테크놀러지의 본질에 관한 윤리적 통찰에는 일종의 통과의례가 있는 듯싶다. 우리의 본질적 질문에 비해 곁가지 문제일 수 있는 또 하나의 질문은, 기독교는 과학기술발전의 발목을 잡는가? 하는 것이다. 기독교는 딴지꾼인가? 이 질문 자체가 우리의 윤리적 성찰의 본질은 아니다. 우리의 문제의식은 테크놀러지 시대의 기독교윤리 구상이기 때문이다. 그러나 무시하고 넘어갈 수 없는 문제이기에 짚고 넘어갈 필요가 있다.

테크놀러지의 발전과 관련하여 어떤 신학자들은 기독교가 과학의 발목을 잡는 어리석음을 범하지 않도록 좀 더 신중하고 기다릴 줄 아는 지혜가 필요하다고 말한다. 예를 들어 지동설을 주장했던 갈릴레오의 경우, 당시의 교회는 그를 단죄했으나 결과적으로는 그의 입장을 수용할 수밖에 없었다는 것과 비슷한 경우가 재현될 수 있다는 것이다. 그러나 다른 한편에서는 테크놀러지의 본성 그 자체를 문제시하며, 신학적 방관이 결국은 걷잡을 수 없는 결과들을 낳을 것이며 신앙에 반하는 일들이 자행되고야 말 것이라는 관점을 제시한다. 그리고 이와 유사하면서도 관점상의 차이가 있는 또 다른 입장에서는, 기독교가 이따금 반대의 소리를 높이는 것은 테크놀러지 그 자체에 대한 혐오가 아니라, 그 올바른 방향을 제시하고 무분별한 질주본능에 '브레이크를 밟아주는' 역할을 하는 것이라고 말한다.

우리는 테크놀러지 그 자체를 혐오할 필요는 없다. 그렇다고 미래적 낙관만 늘어놓는 것도 바람직하지 못하다. 테크놀러지는 신학적 성찰의 중요한 대상이어야 하며, 그 본질에 대한 균형잡힌 이해가 필요하다. 테크놀러지는 삶의 정황이며 현대인의 존재규정에서 빼놓을 수 없는 조건이기 때문이다. 무시하거나 정죄하는 것만으로 무시되거나 정죄되어 멈추어 서는 것이 아니라, 테크놀러지는 지속적으로 변형되며 발전될 것이다. 더구나 우리는 지금 테크놀러지의 발전을 빌미로 자행할 수 있는 생명에 대한 조작(manipulation)을 비롯하여 생명을 수단화 내지는 부속품화의 위험, 또한 상업적 관심에 따라 생명산업의 방향을 그릇되게 이끌어 갈 위험에 직면하여 있다. 나아가 하나님의 절대적인 생명주권에 도전하고 무시하는 일들을 자행할 수 있다는 점에서 생명존엄과 인권을 비롯한 공동체적 가치에 대한 올바른 비전을 심어주는 일은 테크놀러지 시대에 반드시 요구되는 윤리학적 과제라 하겠다. 이러한 의미에서 우리에게 필요한 것은 테크놀러지에 대한 책임의 윤리이지 무조건적인 반대가 아니다.

3 | 생명존엄에서 영적 생명을 향하여

기독교는 근본적으로 구원과 생명의 종교이다. 생명의 존엄과 구원의 문제는 영원한 생명에 대한 관심에 이르기까지 기독교의 핵심적인 주제라 할 수 있다. 특히 테크놀러지의 시대에 제기된 생명위기의 문제들에 관하여 적절한 대안을 제시할 수 있어야 한다. 그리고 이 모든 문제들의 배경이 된다고 할 수 있는 테크놀러지 시대의 생명의 존엄에 대해 깊이 성찰할 수 있어야 할 것이다. 무엇보다도 테크놀러지의 시대에 과학기술의 발전이 인간을 해방시키는 것인가, 혹은 인간을 비인간화하는 수단이 되는 경우는 없는가를 근본적으로 질문할 수 있어야 한다.

테크놀러지 시대의 생명존엄을 위한 기독교의 과제들 중 가장 중요한 것은 생명의 존엄성과 가치에 대한 올바른 관점을 정립하고 그것을 구현할 수 있는 대안을 마련하는 것이다. 대부분의 경우, 생명위기의 현상이라고 생각되는 문제들이 보도될 때마다 기독교는 무조건 비판적이고 반대만을 일삼는 집단으로 오해받기 쉬운 입장에 있었다. 뿐만 아니라 기독교는 과학기술발전의 발목을 잡고 테크놀러지 그 자체를 혐오하는 것처럼 오해받아온 것도 사실이다. 우리가 인식해야 하는 것은 일반적으로 생각하는 것처럼 기독교가 반대를 위한 반대 또는 과학기술에 대한 무조건적인 혐오로 치닫는 것은 아니라는 점이다.

기독교 안에도 건전한 대안을 제시함으로써 생명존엄을 위한 구체적인 실천을 강조하는 노력이 있다는 점을 간과해서는 안될 것이다. 신앙인들 역시 기독교에 대한 막연한 오해들을 해소할 수 있는 대화와 설득의 자세를 구비해야 할 것이며, 하나님의 생명주권을 보다 효과적으로 선언할 수 있는 노력을 게을리 해서는 안될 것이다. 테크놀러지의 시대에 있어서 기독교는 생명의 존엄을 위한 건전한 대한 세력으로서 선한 영향력을 행사할 수 있어야 할 것이다.

이러한 의미에서 테크놀러지의 시대를 위한 기독교적 대안에 속하는 몇 가지 이론 중에서 우리는 특히 책임윤리의 관점에 관심을 가질 필요가 있다. 가령, 슈바이커(W. Schweiker)는 통전적 책임윤리에서, 테크놀러지가 이 시대의 추앙받는 힘(Power)의 문제로 다루어져야 함을 말하면서 그 책임적 사용을 위한 기독교적 지평을 마련하였다. 그는 인간은 모든 행위와 관계에 있어서 하나님 앞에서의 삶의 통전성을 함양하고 존중하여야 한다는 것이다. 인간에게 주어진 힘의 사용에 관하여 그리고 과학기술의 시대에 구비하게 된 인간의 힘에 대한 하나님 앞에서의 책임에 관한 재조명이 필요하다.

그리고 생명복제를 비롯한 의료기술문제의 대안모색에서 개인의 신앙양심과 도덕적 각성에 호소하는 것 못지않게 사회윤리학적 접근이 필요하다. 롱(Long, E. L. Jr)이 말한 것처럼 생명의료윤리는 사회정책의 문제(social policy matters)에 충분한 관심과 준비를 갖추지 못하고 있는 듯싶다. 이를테면, 의료서비스의 재정적 문제, 의료인의 교육 및 의료정의 등은 아직도 충분히 마련되지 못하고 있다.

더구나 생명복제의 수요가 상존하고 제도적이고 정책적인 통제수단이 마련되지 못한다면 매우 심각한 결과들에로 이어질 수 있다. 여기에 생명복제가 생명공학의 산업화, 즉 자본과 과학의 결합 및 과학과 시민 사이의 격차증대 등이 가세되면 문제는 더욱 복잡하고 어려워질 것이다. 예를들어 (1)생명공학이 이윤추구에 종속되면서 나타나는 비밀주의로 인한 정보독점, (2)산학협동이라는 미명하에 진행되는 연구가 초래하게 될 기업과의 이익갈등으로 인한 연구의 순수성 저해의 문제, (3)기초연구에 대한 기업의 개입이 초래할 수 있는 대안연구 가능성의 차단 우려, (4)연구의 상업주의화로 인한 순수학문의 잠식우려 등은 문제거리가 아닐 수 없다.

따라서 생명복제에 대한 효과적인 통제를 위하여, 우리는 과학기술자들의 도덕적 각성과 함께 정책적이고 구조적인 통제와 압박이 병행하는 대안을 모색해야 할 시점에 있다. 특히 생명에 관한 논의가 단순히 과학자들만의 밀실논제로 남겨지지 않도록 하는 것은 매우 중요한 과제이다. 바로 여기에 아가페적 관심의 필요성이 자리한다. 하나님은 모든 인류를 아가페적 사랑으로 대하신다. 하나님은 만물의 창조주이시며, 인간을 모태에서부터 조직하시는 분이시며(시139:13), 우리의 체질까지도 아시는(시103:14) 생명의 원천이시며 주권자(시36:9)이시다. 그리고 아가페의 구현자로 오신 예수 그리스도는 병든 자와 장애인을 멸시하지 않고 그들을 치료해 주시며, 선한 이웃이 되셨다. 예수 그리스도는 상한 갈대를 꺾지 아니하시며 꺼져가는 심지를 끄지 아니하시는 분이시며(마태 12:20), 신체상의 약점을 찾아내거나 흠을 들추어내기보다는 영과 육의 온전한 구원을 구현하시는 분이시다.

우리는 이러한 아가페적 관심을 따라 하나님의 형상으로서의 인간에 대한 존중을 잃지 말아야 하며, 육체적 생명을 넘어 예수 그리스도를 통한 새 생명의 가치까지도 공유할 수 있는 생명지기가 되어야 마땅하다. 하나님이 주신 생명은 하나님의 것이요, 인간에게 그 처분의 권한이 주어져 있지 않다. 인간은 그 생명의 존엄과 신성함을 위해 돌보는 일을 본분으로 삼아야만 할 것이다. 나아가 인간에게 부여된 생명의료기술이라는 힘은 생명의 주권자이신 하나님을 위해 사용될 수 있는 길을 모색해야 할 것이다.

더 생각해 볼까요?

>> 아가페적 관심을 가지고 의료기술의 문제에 접근할 때, 의료기술이 품을 수 있는 어떤 의도에 유의해야 합니까?

_____

_____

_____

>> 테크놀러지 발전은 양면성을 지닙니다. 그 양면성이란 무엇을 말하는 것이며, 기독교는 어떤 관점으로 이 문제에 접근하면 좋을까요?

_____

_____

_____

>> 아가페적 관점에서 볼 때, 생명의 존엄과 소중함은 의료적 차원에 머물 것이 아니라 어디까지 확장되어야 합니까?

_____

_____

_____

아가페,
생태학적 각성을 촉구하다

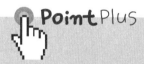

>> 생태계 위기에 대해 들어왔던 이야기들 중에서 나에게 가장 인상 깊게 남아 있는 것은 어떤
이야기입니까?

>> 생태계의 위기에 대한 생각들에서 그 원인은 무엇이며, 올바른 실천방향은 어떤 것인지 평소
의 생각들을 정리해 봅시다.

>> 아가페적 사랑으로 생태계 위기를 바라 볼 때, 가장 중요하게 생각해야 하는 것은 과연 무엇이
며, 어떤 관점을 가져야 할까요?

모세가 소명을 받고 십계명을 받은 시내산(호렙산)

1 | 더 불 어 산 다 는 것

    인류의 미래에 대해서 낙관적인 입장을 표방하는 학자로는 토플러(A. Toffler)가 있다. 「제3의 물결」에서 그는 인류의 미래를 낙관적으로 내다본다. 현대사회는 언뜻 보기에 정신나간 사람들이 불협화음을 내고 있는 것처럼 보이지만, 광란의 상태에 빠진 것이 아니라 밑바닥에는 희망이 서려 있다고 한다. 즉 현대의 위기는 전혀 위기가 아니라고 한다. 그것은 단지 역사의 흐름이 바뀔 때마다 나타나는 일종의 갈등 현상에 불과하다는 것이다. 그는 인류 역사의 흐름에 그 동안 두 차례의 거대한 변화의 물결이 있었다고 한다.

    제1의 물결이란 수렵채취를 하던 원시인들이 약 1억만년 전부터 어느 시점에서 농업혁명을 일으키고 정착문화를 시작한 것이 서서히 퍼지면서 새로운 생활양식을 이루게 된 것을 말한다. 기원전 8,000년경에 시작되어 1,700년경까지 별다른 도전없이 농업문화는 지구문화로 자리잡아 왔다. 제2의 물결은 17세기 유럽을 중심으로 산업혁명이 일어나면서 발생한 거대한 문명전환의 물결로서, 산업화를 의미한다. 산업화는 전세계를 흔드는 산업문화의 물결을 일으켰고, 산업화 때문에 제1의 물결은 붕괴되었다.

20세기말에 세계문화는 또 한번의 거대한 물결을 맞게 되었다. 제3의 물결은 지적재산 및 정보지식의 물결이다. 제3의 물결의 징후들을 요약하면, ① 대체에너지 시대, ② 해양권시대, ③ 상상력과 지식정보의 시대, ④ 디지털 시대, ⑤ 컴퓨터 디자인 시대, ⑥ 재택근무의 시대, 그리고 ⑦ 텔레-커뮤니티 시대 등이다. 토플러는 제3의 물결이 지배하는 이러한 사회를 프랙토피아(practopia)라고 부른다. 프랙토피아란 유토피아와 달리 실현 가능한 한 낙관적인 실용세계를 의미한다. 과연 미래사회가 프랙토피아가 될까? 토플러의 약점은 산업사회의 어두운 측면에 대한 심각한 고민을 회피하고 있으며, 제3의 물결에서 나타날 역기능을 무시한다는 점이다.

반면, 현대문명에 대한 비판적인 목소리도 높다. 현대문명의 편의성에 몸을 맡길 수 없는 위기에 직면하고 있다는 것이다. 하나님, 인간, 그리고 자연까지도 외면하고 진보이데올로기에 집착하여 메마른 기술지상주의, 극단적 소비주의, 사회의 섹스화, 소외와 빈곤의 만연, 극심한 환경파괴 등이 나타나고 있다. 기든스(A. Giddens)는 미래사회에 대한 비판적이다. 고전사회학은 근대 이후 산업화가 가져온 문화적 혜택을 적극적으로 평가하는 데 급급해서 사회의 어두운 면을 소홀히 취급하고 말았다는 것이다. 뒤르켐(E. Dürkheim)이나 베버(M. Weber) 조차도 근대의 산업화의 암울한 배면, 즉 생산력의 확장으로 인한 환경파괴 같은 그늘을 파악하지 못했다고 비난한다. 그리고 평화공존을 위한 민주적 정치 질서의 정착을 실현하지 않으면 인류 미래는 어둡다고 경고한다.

인류의 위기에 대해 대략 세 가지 정도의 비판적 접근들이 있다. 첫째는 계몽의 근본정신을 철저화하려는 비판이론이고, 둘째는 계몽정신을 근본에 있어서 불신하고 거부하려는 '해체주의', 그리고 셋째로 계몽정신의 대안을 주장하는 '대안주의'이다. 프랑크푸르트 학파의 비판이론(die kritische Theorie)은 후기 자본주의사회를 집중적으로 비판한다. 그들의 생각은 도구화된 이성과 권위에 대한 반제이다. 호르크하이머(M. Horkheimer), 마르쿠제(H. Marcuse), 아도르노(Th. Adorno), 하버마스(J. Habermas) 등이 여기에 속한다. 이들은 산업화가 낳은 문제를 계몽정신으로 극복하자고 한다. 근대를 비판하면서도 근대이념에 편승함으로써 근대에 신세를 지려 하는 약점이 있다.

탈현대주의는 포스트모더니즘(post-modernism)이라고 할 수 있다. 넓은 의미의 포스트모더니즘은 우리를 지배해 온 갈릴레오, 데카르트, 뉴톤 등의 과학주의와 합리주의적 근대세계관으로부터 근본적인 방향전환을 시도한다. 데리다(J. Derrida)는 전통적 희랍의 플라톤 이래 전승된 서구 형이상학의 전통을 반-로고스주의로 해체하려는 해체주의를, 미셸 푸코(M. Foucault)는 데카르트적 합리주의에 대한 철저한 수정을, 리오타르(J.F. Lyotard)는 에고(Ego) 중심의 주관주의 극복을 각각 주장하였다. 그들은 근대의 구상은 이제 끝장이 났다고 단호하게 선언하고 있는 것이다. 그러나 해체주의(deconstruction)라는 약점이 있다. 극단적인 비판주의는 대책없이 허물기만 하는 것이 문제인 셈이다.

대안주의자들은 위기를 책임있게 자각하고 대안을 제시하려 한다. 대안주의자들 가운데는 미래주의자, 환경론자, 신학자, 윤리학자, 사회학자, 여성 운동가

등 하나로 통일되어 있지는 않지만, 책임적으로 대안을 세우려는 데 의견을 통일하고 있다. 요나스(H. Jonas), 기든스(A. Giddens), 존 캅(J. Cobb Jr.)과 그리핀(D. Griffin) 등이 여기에 속한다. 대안주의적 입장들 속에서 발견되는 하나의 공통적인 정신이 있다. 화해와 조화를 향한 거대한 발상의 전환이다. 그들은 일종의 '패러다임(paradigm) 전환'을 요구한다. 승리-패배(win-lose)의 시대는 가고 승리-승리(win-win)의 시대가 되어야 한다는 것도 그 중 하나이다.

2 | 더 불 어 살 지 못 한 것

테크놀러지에 대한 이야기에서, 우리는 특히 생태계의 위기를 염려하는 사람들의 목소리에 귀 기울일 필요가 있다. 테크놀러지 일변도의 관점 또는 과학적 세계관과의 관계에서 깊이 생각할 문제들이 있다. 기독교신앙에서, 지구는 하나님께서 창조하시고 나서 보시기에 매우 좋으셨던 창조의 신비로운 현장이다. 그런데 이 지구에 심각한 문제가 생겼다. 소위 생태학적 각성이 우리 사회에 급속하게 파급되고 있는 이유는 바로 이 지구가 숨이 차서 허덕이다가 서서히 죽어 가고 있다는 환경에 대한 위기의식 때문이다. 근대 과학적 세계관에 깊게 각인된 현대인들에 의해서 지구뿐 아니라, 지구촌 모두의 생명이 위협 당하고 있다는 곤혹스러움이 있다.

자연에 대한 혹사는 고대나 중세에도 있었다. 그러나 가공할만한 환경파괴는 산업혁명에서 시작되었다. 산업화와 기계화 그리고 세계인구의 폭발적 급증으로 인한 대량생산의 압력과 '광적인 성장욕'이 환경 파괴를 재촉한 것이다. 특히 제2차 세계대전 후 환경의 파괴가 엄청나게 늘어났다. 1950년 이후 서구사회는 폭발적 인구 성장률에 따른 에너지충당 요구량의 급증과 산업생산물의 기하급수적 확장으로 인하여 폐수와 공기오염을 크게 신장시키고 말았다. 또한 개발의 깃발 아래 산림면적의 감소화와 밀림지역의 황폐화가 자행되었다. 이제는 동물과 식물까지도 채집과 사냥을 통해 멸절되고 있다. 이런 종(species)이 있었나 의아해 할 정도로 생명체들이 멸절되고 생태계의 먹이사슬이 깨지고 있다.

자연파괴의 참상을 올바르게 서술하기란 용이하지 않다. 왜냐하면 한편으로는 공개적으로 노출된 것처럼 보이나, 다른 한편은 그 사실이 억압되어 있거나 혹은 묵과되고 있기 때문이다. 게다가 환경 문제의 논란은 문제 자체의 객관성 결여, 위장된 논박, 그 외에 이데올로기적 고정관념 등이 크게 작용하고 있어서 이 문제를 다루는데 어려움이 있다.

환경오염의 으뜸원인은 낙관적인 진보 이념과 발전 이데올로기에 기초한 일종의 근대의 과학적 세계관을 꼽지 않을 수 없다. 그것은 과학-기술 문명을 가능케 했던 근대적 세계관은 자연을 단지 하나의 이용 대상으로만 생각하는 오류를 범했기 때문이다. 근대의 과학정신이 지나치게 낙관적이라는 것은 동시에 인간학적 오류를 낳는 결과를 가져왔다. 왜냐하면 이러한 인간관은 자연적 삶을 보전하는 인간의 능력을 과대평가했기 때문이다.

환경문제가 무책임성에서만 비롯되는 것은 아니다. 역설적으로, 책임의식에서 출발했으나, 급속한 성과의 기대로 피상적인 책임성으로 전락해 버린 경우들이 너무도 많다. 현실적으로 환경 문제보다 더 우선권을 차지하는 요인들, 예컨대 경영과 수익성, 시장경제에서의 경쟁력, 외화 획득을 위한 수출정책 등은 시간을 필요로 하는 환경 보호 정책을 졸속하게 만든다. 동시에 환경오염의 문제를 외면하고 즐기려고만 하는 국민의식이나, 상업주의적 기업의 비양심도 환경오염의 공범이다.

우리는 '크리시나 수레'를 말했던 기든스의 주장에 유의할 필요가 있다. 근대사회 이후의 현대문명은 신화에 나오는 크리시나의 수레와 같다는 것이다. 이 수레는 막대한 힘을 가진 폭주차량이며, 하나의 어느 정도까지는 운전할 수 있지만, 인간의 통제를 벗어나 질주할 위험성이 크다. 따라서 이 수레는 어느 순간 산산조각 날 수 있다. 우리의 의도나 상상을 초월해서 엉뚱한 방향으로 빗나갈 경우가 다분하다. 말하자면, 현대사회 자체가 깨질 수 있다는 것이다. 그러나 우리는 생태위기에 직면하여, 그 원인을 일방적으로 테크놀러지에 뒤집어씌울 생각은 없다. 오히려 머리를 맞대고 고민해야 할 관점의 문제가 있다. 일반적으로 세계관 또는 가치관이라 할 수 있는 관점의 차이가 생태위기의 배경이 되고 있다.

관점의 차이가 갈등을 만들어 낸 한 사례를 들어보자. 미국 동부 뉴잉글랜드 지방에서 17세기에 있었던 일이다. 뉴잉글랜드에는 영국에서 이주한 10만명 정도의 백인 숫자만큼 인디언 원주민이 살았다. 서로 다른 두 문화와 세계관이 평화롭게 공존할 수 있었음에도 불구하고 뉴잉글랜드 지방에서는 안타깝게도 실패로 끝나고 말았다. 인디언 원주민들은 계절과 먹이이동에 따라 거주지를 옮기며 사는 사람들이었다. 따라서 이들은 땅을 소유지로 생각해 본 적이 없었다. 그러나 좁은 유럽 땅에서 거주지확보 때문에 전쟁까지 치렀던 백인 이주자들은 그 땅을 영구소유지로 인식하였고, 그 결과 전쟁을 피할 길이 없었다. 내가 갖기 위해서는 너를 배척해야 하고, 결국은 쫓아내야만 한다는 강박 관념이 백인들을 지배했기 때문이다.

문제는 이러한 관점의 차이가 해소되어야 하며, 올바른 관점이 세워져야 한다는 것이다. 특별히 자연환경 또는 생태계의 가치를 어떤 관점에서 볼 것이며, 어떻게 평가할 것인지에 성찰할 필요가 있다. 자연은 소유와 지배, 그리고 착취의 대상인가 혹은 대안주의자들처럼 모두가 함께 승리하는 관점을 가져야 하는가? 그리고 그 관점들은 어떻게 확산되어야 하고 어떻게 실천적으로 구현되어야 하는가?

3 │ 더 불 어 살 기 와 생 태 학 적 각 성

우리가 직면한 환경위기를 풀어 가는데 아가페적 관점, 즉 기독교는 어떤 공헌을 할 수 있는가? 흥미로운 일은 근대 과학적 진보이념의 출현으로 가속화된 환경문제는 성서적 창조론의 삭제와 함께 시작되었고, 생태학적 각성을 통해 근대적 이념을 극복해 보려는 시도 역시 성서적 창조론의 새로운 숙고와 조명을 통하여 성숙되어 가고 있다는 것이다. 사실 하나님의 창조는 정태적 사건이 아니라 동태적 사건이며, 존재적 사건이 아니라 관계적 사건인 것이다. 환경오염의 거대한 촉매자가 근대 산업혁명이고 보면, 이는 기독교의 유산이 아니라 일방적인 기술-과학에의 신뢰와 인간의 자기절대화의 유산이다.

생태학적이라는 말은 곧 종교적이요, 성서적이기도 하다. 왜냐하면 기독교의 뿌리가 거기에 있기 때문이다. 그러나 근대화과정에서 기독교는 곧잘 근대과학적 세계관에 적극적으로 참여하여 생태학적 가해자와 힘을 합하는 오류를 범했다. 이러한 비기독교적 기독교유산은 구약성서의 창조기사에 나타난 "땅을 정복하라 … 모든 생물을 다스리라"(창세기 1:28)는 '땅 지배의 신학'에 잘못 근거했기 때문이다. 근대적 메커니즘에 기초한 세속화된 기독교는 땅을 지배하고 정복하는 것을 정당화하였다. 그래서 땅-지배-동기(das Dominium-terrae-Motiv)를 가장 책임적으로 살아온 성숙한 인간의 자기실현의 전거로 오해하였던 것이다. 그러나 생태학적 각성으로 성서를 해석하면 "땅을 정복하고 다스리라"는 말씀은 하나님은 인간에게 창조질서의 보전과 관리의 위임을 의미할 뿐이지 결코 땅을 억압하고 착취하라는 뜻이 아님을 알게 되었다.

성서시대의 자연이해는 환경의 일정한 영역을 일종의 신비적 직관을 가지고 타부시하였고 나아가서는 압도적인 자연을 공포의 대상으로 보았던 것이다. 당시 인간은 자연과 같이 강해지거나 인간이 땅을 소모할 것이라는 것은 상상도 할 수 없었다. 성서기자는 자연의 초능력으로부터 인간을 해방하도록 촉구했어야 했다. 그러나 오늘에 와서 사태는 뒤바뀌었다. 자연은 인간에 의해 위협당하고 있다. 성서에 나타난 자연에 대한 관리의 위임은 성(gender)이나 인종(race)이나 계급(class)으로부터 자유로운 것이며, 위임받은 인간은 하나님의 형상을 닮은 자로서 위임자이신 하나님의 선한 의지에 따라서 관리할 책임이 있다. 인간이 하나님의 형상으로 창조되었다는 말씀도 인간에게 귀속된 신적속성이라는 실체론적 이해를 뛰어 넘어서 하나님과 인간은 세계 책임적 동역자라는 관계성으로 이해되어야 한다. 성서는 인간 존재가 흙으로 만들어졌다고 함으로써 인간이 땅의 존재임을 알려준다. 성서는 인간(adam)을 대지(adama)와 불가분리 연결된다. 인간은 땅으로 만들어져서 땅으로 돌아간다. 인간은 자기의 삶을 땅과 더불어 영위하게 되어 있다.

신양성서의 메시지도 구약의 창조론에 나타난 인간과 모든 생물의 연결됨을 받아들여 그리스도 사건을 통해서 종말론적으로 수용하고 있다. 그리스도의 구원은 인간 뿐 아니라 피조물에게까지 해당된다. 사도바울의 그리스도 찬송(골로새서 1:15-20)은 "그는 보이지 아니하시는 하나님의 형상이요 모든 피조물보다 먼저 나신 자니 … 그의 십자가의 피로 화평을 이루사 만물 곧 땅에 있는 것들이나 하늘에 있는 것들을 그로 말미암아 자기와 화목케 되기를 기뻐하심이라"고 한다. 예수 그리스도를 통해서 창조의 치유와 하나님에게로의 복귀가 성취되는 것이다. 크리스천은 이러한 과정을 과제로 받았다. 하나님의 구원의 길은 인간의 갱신뿐 아니라, 생태계의 갱신을 지향하고 있는 것이다.

이제 성서적 창조론으로 새롭게 각성된 인간은 자연과 더불어 살아야 한다는 단순하고 새로운 발상의 전환을 실천해야 한다. "더불어 살라"는 생태학적 각성은 일체의 자연 및 사회환경의 파괴주의와 지배주의에 항거하는 의식이다. 우리시대의 생태학적인 각성인 '더불음의 의식'은 피조물에 대한 크리스천의 창조질서 보전의 책임성에 핵심이 있다. 더불음의 의식이 삭제된 발전 이데올로기가 물량적

공세와 지배 논리로 환경을 억압하고 파괴해 왔다면, 더불음의 생태학적 각성은 피조물의 생명화와 해방을 위한 책임적 행위인 '연대성'(Solidarität)에서 그 깊이에 다다른다. 더불음은 우리 삶이 환경 세계와 맺는 올바른 관계의 실현이다. 하나님과 이웃과 자연과의 참된 더불음 속에 인류와 피조물의 생명과 해방이라는 구원의 길이 있다. 기독교인의 과제는 창조질서의 보전이라는 생태학적 각성을 범사회적으로 기여하는 일이다. 하나님과 인간, 인간과 자연, 그리고 인간과 이웃됨의 더불음이라는 의식으로 전 영역에서 책임적으로 응답하고 연대하며 선교해야 할 것이다.

그렇다고 이것을 환경보존론으로 한정할 필요는 없다. 생태계에 대한 인식의 전환 및 창조신학적 기초에서 나오는 책임윤리라 하는 것이 옳다. 특히 생태학적 각성이란 이러한 관점의 전환을 의미한다. 자연에 대한 인간의 지배적 관심을 벗어나는 것은 매우 힘겨운 일인지 모른다. 화이트(L. White)는 땅을 정복하라는 창세기의 선언이 자연에 대한 지배와 착취를 정당화하는 오류를 범했다고 말하기도 한다. 그의 성서해석에 오류가 있기는 하지만, 기독교가 서구문화이 기초가 되어왔다는 점에서 자연에 대한 무분별한 개발은 지배와 착취의 동기로부터 나온 것이라는 그의 주장은 중요한 성찰주제이다. 인간은 지배적 동기로부터 벗어나 자연에 대한 관리자적 책임을 인식하고, 한걸음 더 나아가 자연과 인간의 공존을 위한 노력에 최선을 다해야 할 것이다. 여기에 생태학적 각성의 의의가 있다.

이러한 의미에서 기독교 환경윤리는 책임의 윤리이다. 유태인 철학자 요나스(H. Jonas)가 제안한 책임개념은 우리를 위한 중요한 참고가 된다. 그에 따르면 아리스토텔레스 이래로 강조되어온 책임귀속의 이론으로는 우리시대의 책임문제를 설명할 수 없다. 테크놀러지의 시대에 인간은 가공할 만한 힘을 가지고 있으며, 지금 여기(here and now)에서의 행동이 다음세대에까지 영향을 미칠 수 있다. 인간이 테크놀러지를 힘입어 생태계에 가하는 행위들은 우리세대를 넘어 다음세대까지 영향을 준다는 점에서, 책임의 범위는 마땅히 확장되어야 한다는 것이다. 기독교 환경윤리가 요나스의 주장을 전적으로 수용하는 것은 아니지만, 창조신학을 기초로 삼는 기독교환경윤리에서 책임의 문제를 중요시한다는 것은 분명하다. 우리는 창조주 하나님과의 관계에서 생태계를 위한 윤리적 책임의 문제를 심각하게 고민해야 한다. 신학자 몰트만(J. Moltmann)이 말하는 정원관리사로서의 책임은 우리에게 기독교적 책임의 한 예를 보여준다. 하나님은 에덴동산을 창조하시고 아담을 에덴동산의 관리자로 임명하셨다. 동산(garden)과 동산지기(gardener)는 공생적 관계이며, 특히 동산지기에게는 파괴와 착취가 아닌 동산을 보호하고 지켜야 할 책임이 있다. 나아가 지속가능한 개발(sustainable development)을 지지하면서 경건과 절제의 삶, 친환경적 삶의 노력으로 구현되어야 한다. 나아가 기독교의 환경윤리는 친환경의 영성적 윤리이다. 창조론에 입각한 생태학적 각성을 우리는 프란치스코의 태양의 노래에서 우리는 그 단초를 엿볼수 있다.

> 지극히 높으신 주
> 전능하시고 선하신 하나님이여,
> 오! 나의 주님.
> 만물이 당신을 찬송하나이다.

보시옵소서!

우리 형제 저 우람한 태양의 찬송을,

온누리 대낮을 주관하는 태양!

우리 하나님이 바로 그를 통해 우리를 비추신다네.

창조질서 속에 깃들어 계신 하나님의 숨결을 인식하며 모든 생물과 대화하였다는 그는 창조주 하나님을 높이는 기독교적 영성의 길잡이가 된다. 인간은 자연의 주인이 아니며, 지배자도 아니며, 착취할 권리를 지닌 존재도 아닌 자연의 책임자이다. 인간과 자연은 하나님의 피조물이라는 점에서 공생적이며, 자연의 진정한 주인이신 창조주 하나님을 영화롭게 하는 선한 일을 행하는 존재이어야 한다.

더 생각해 볼까요?

>> 테크놀러지 시대의 미래를 예측하는 여러 입장들 중에서 특히 대안주의자들이 말하는 요점은 무엇입니까?

_____

_____

_____

_____

>> 생태계 위기의 여러 원인들 중에서 관점의 차이에 관한 논의가 있었습니다. 그 흐름을 어떻게 요약할 수 있을까요?

_____

_____

_____

_____

>> 더불어 살기와 생태학적 각성은 생태위기 극복을 위해 서로 연결될 수 있는 말입니다. 특히 생태학적 각성이란 어떤 것을 말합니까?

_____

_____

_____

_____

아가페,
영원으로 통하다

Point Plus

>> 정보통신이 발전하면서 누리게 된 여러 혜택들이 있습니다. 당신은 그중에서 무엇이 가장
소중한 혜택이라 생각합니까?

>> 인터넷 시대에 나타날 수 있는 어두운 측면에 관한 염려가 많습니다. 주로 어떤 것들인지
예를들어 설명해 봅시다.

>> 현대사회를 사는 우리가 영원한 가치, 영원한 생명에 대해 관심을 가져야 하는 가장 중요한
이유는 과연 무엇입니까?

폐허로 변한 터키 어느 교회 유적에 걸려있는 십자가

1 | 영 성 이 메 마 른 e - 시 대 를 위 하 여

e-시대를 위한 기독교는 어떤 것이어야 하는가? 컴퓨터와 인터넷이 삶의 필수 요소로 떠오른 정보화시대에 우리는 수많은 정보를 공유하며 살고 있다. 정보를 통해 삶을 변화시키고 정보를 통해 삶을 재미있게 만들 수 있다는 자신감에 가득 차 있다. 검색과 채팅, 그리고 온라인과 오프라인상의 만남이 새로운 형태의 커뮤니케이션으로 자리를 잡고 있다. 전에는 문맹(文盲)을 벗어나려 노력했지만, 이제는 컴맹탈출과 정보사냥을 기본으로 삼는 시대가 되었다.

스쳐 지나가는 많은 정보들이 검색되고 사이버 공간에 유통되는 가상현실적 이미지들이 우리의 심성을 사로잡고 있는 e-시대에 우리는 살고 있다. 엔터키를 누르는 순간 떠오르는 잡다한 정보들은 우리의 궁금증을 즉시 해소해 주는 장점이 있다. 그러나 '빠른 검색'과 '깊은 생각'은 다르다. 사려깊음(熟考, consideration)은 정보검색을 통해 완성되지 않는다. 고대의 성현이 말한 것처럼 반성하지 않은 삶은 살 가치가 없다. 홈 페이지의 싸이트 맵은 쉽게 찾을 수 있을지 모르나 인간이 가야 할 방향과 목적을 보여주는 인생의 로드 맵은 과연 얼마나 진지하게 모색해 보았을지 자문해 볼 가치가 있다.

이러한 의미에서, 기독교는 e-문화에 젖어 사는 현대인에게 e-문화를 통하여 다각적으로 접근할 수 있는 통로를 만드는 것과 동시에 e-시대의 결핍이라 할 수 있는 내면세계와 영적 삶에 대한 진리를 제공해 준다. 특별히 영성(靈性, spirituality)에 관한 이야기는 e-시대를 사는 모든 사람이 귀 기울여야 할 기독교의 중요한 메시지이다. 겉으로 보기에 풍요롭고 흥미로운 일들로 가득 차 있는 것 같지만, e-시대에 드리워진 내면세계의 결핍이라는 그림자는 아무리 뛰어난 검색 창을 통해서도 해소되지 않는 인간의 실존적 갈증으로 남아 있다. 말하자면, e-시대는 기독교적 영성이 반드시 필요한 시대라 할 수 있는 결핍적 특징을 가지고 있는 셈이다.

현대인에게 탈종교적 경향이 나타나고 있다는 것은 분명하다. 그러나 현대인 역시 고대와 중세인들과 마찬가지로 '인간'이라는 점에서 종교적 관심을 바르게 가질 필요가 있다. 우리는 e-시대의 문화에 젖어 있지만, 종교적 영성에 대한 관심을 나타내는 여러 징조들을 발견한다. 유행처럼 번지는 요가열풍을 비롯하여 마음을 수련한다는 여러 행태들은 그 자체가 이미 종교적 영성에 속한다. 이것만으로도 우리는 영성의 문제가 e-시대의 사람들에게도 여전히 유효하다는 점을 유추해 볼 수 있다.

그렇다면, 기독교 영성이란 무엇인가? 그것은 인간의 본질이다. 인간의 생득적 구조인 동시에 인간의 핵심이다. 창조신앙에 따르면, 인간은 하나님의 형상

(*Imago Dei*)으로 창조되었으며 인간은 하나님과 특별한 관계에 있다. 하나님은 창조의 걸작으로 인간을 손수 빚어 만드셨다. 그리고 그 코에 생기를 불어 넣으니 인간이 생령(living spirit)이 되었다. 인간은 영적 존재라는 것이다. 인간은 육체와 영혼으로 구성되었으나 본질적 특징은 영혼에 있으며 영적 특성을 지닌 존재라는 의미에서 영성은 인간이해의 매우 중요한 요소가 된다.

그러나 이것은 이원론(二元論, dualism)이 아니다. 육체와 영혼은 이질적이며, 영혼은 우월하고 육체는 저급하다는 이원론적 설명은 하나님의 창조의 본뜻을 왜곡시킨다. 인간의 육체는 하나님의 창조물로서 선한 것이다. 영성을 강조하는 이유는 인간이 육체적 영역에 제한된 삶을 살아서는 안된다는 의미이다. 육신을 위하여 의식주가 필요하며 그것들을 얻기 위해 일생 부지런히 일해야 하는 것은 분명하지만, 그것만이 인간의 전부는 아니다. 사람은 떡으로만 살 것이 아니라 하나님의 말씀으로 사는 존재라는 것이다.

문제는 많은 경우에 육신을 위한 투자와 육신을 위한 삶에 대부분을 할애하는 소비적이고 소유지향적 삶이 선호되고 있다는 것이다. 인간은 비록 육체를 가지고 살지만, 육체가 되어서는 안된다. 육신적 삶의 영역에 충실한 동시에 영적 삶에 민감해야 한다는 것이다. 사회학자 베버(M. Weber)는 종교개혁자 칼빈(J. Calvin)의 직업소명사상을 해석하면서 세계내적 금욕이라는 개념을 사용하였다. 칼빈에 따르면, 수도원에 들어가 명상하는 것만이 전부가 아니다. 우리들 삶의 현장에서 하나님의 영광을 드러내고 시장 한복판에서 최선을 다하는 삶, 사치와 낭비없는 근면성실과 절제가 적절히 조화된 삶이 중요하다. 이처럼 영성이 바로 선 사람은 이원론적 사고에 갇히지 않고 진정한 삶의 방향과 목적과 가치를 발견하는 사람이다.

영성에 대한 다른 설명들에 본질적으로 앞서, 영성은 하나님과의 대화의 창이다. 인간은 영성을 통해 하나님을 만난다. 삼위일체(三位一體, Trinity) 하나님이신 성령을 체험하고 신비한 능력과 신앙의 확신을 얻을 수 있다. 성령체험을 통하여, 하나님은 살아 계시며, 나를 구체적이고 개별적으로 사랑하시는 분이심을 믿게 된다. 영성은 인간을 초월하는 영적 세계를 볼 수 있도록 인도하며, 인격적인 하나님과의 교제를 가능하게 한다.

그러나 이러한 영성을 함양하는 길이 하나만 있는 것은 아니다. 어떤 사람들은 소리내어 기도하는 통성기도와 방언기도를 통하여 영적 능력을 경험한다. 박수를 치며 찬송하고 눈물을 흘려가며 회개하는 모습도 있다. 자신만의 기도제목을 넘어 이웃과 공동체를 위한 중보기도를 통해 성령의 도우심을 간구하기도 한다. 조용한 묵상과 성찰을 통하여 하나님을 만나기도 한다. 그리고 자신만의 시간과 장소를 정하여 규칙적인 개인경건의 시간(Quite Time: Q. T.)을 통해 하나님의 말씀을 만날 수 있다. 수도원적 영성을 통해 하나님을 만날 수 있으며, 수도적 삶의 모든 과정은 곧 영성훈련이라 할 수 있다. 삶의 구체적인 현장에서 하나님을 만나는 방법도 있다. 사회봉사와 구제를 통하여 사랑을 실천하는 현실참여적 영성도 가능하다. 그리고 이 모든 것은 스타일(style)의 차이일 뿐, 영성의 본질적 차이는 아니다. 그러므로 우리가 질문해야 하는 것은 기독교의 어떤 스타일이 옳은 것인가 하는 문제가 아니다. e-시대를 사는 현대인은 누구이며, 어디에서 와서 무엇 때문에 살며 어디로 가는 존재인가? 그것이 우리들의 질문이어야 한다. 그리고 그 답은 영성에 있다.

2 | 신 앙 에 의 초 대

기독교적 영성은 e-시대를 사는 현대인에게 깊은 질문을 던진다. 인간의 본질에 관하여, 인간의 목적에 관하여, 그리고 어떻게 살아야 할 것인지에 관하여 질문한다. 'e-시대의 기독교'는 처음부터 지속적으로 이 문제를 다루어 왔으며, 기독교에 대한 바른 이해를 추구해 왔다. 이제 우리는 기독교에 대한 상식을 증가시키거나 오해와 편견을 바로잡은 단계를 넘어 기독교적 영성의 세계를 향한 출발점에 서 있다. 이해의 문턱을 넘어 신앙의 세계를 향한 출발에 서 있는 것이다.

그렇다면, 신앙이란 무엇인가? 그것은 이해되는 것인가 혹은 이해를 넘어서는 것인가? 신앙과 이성의 관계에 대한 여러 입장이 있다. 이 둘의 관계는 지성과 계시의 문제, 철학과 신학의 문제, 철학과 계시의 문제 등 다양한 형식으로 재설명될 수 있다. 우리는 그 중에서 다음과 같은 질문에 관심을 가진다. 먼저 믿은 후에 그 신앙의 내용을 이성적으로 검토하는 것이 옳은 것인가? 혹은 충분히 납득될 수 있는 단계에 이르렀을 때 믿어야 하는 것인가? 신앙과 이성은 어떤 관계인가? 이성이 먼저인가? 신앙이 먼저인가? 아니면 둘 다 조화되어야 하는 것인가?

어떤 사람들은 신앙이 우선이라고 말한다. 그리고 그 중 일부는 신앙만이 전부라고 말하는 사람도 있다. 이러한 유형화가 제대로 된 것인지 그 자체가 의문이기는 하지만, 일반적으로 아우구스티누스(St. Augustinus)와 안셀무스(St. Anselmus)는 신앙의 우위를 강조한다. 이해를 구하는 신앙(*fides quaerens in-*

tellectum : faith seeking understanding)이라고 말하면 좋겠다. 계시된 진리는 신앙으로 수용해야 하고, 그 이후에 지성(*intelligens*)을 통하여 검증하고 이해하는 노력이 필요하다는 것이다. 물론 둘의 입장은 다소 차이가 있다. 아우구스티누스는 신앙의 진리는 하나님의 선행적 은총에 의한 계시의 사건이므로 은총의 중요성을 강조한다. 스콜라철학의 아버지라 불리우는 안셀무스는 신앙의 전제 위에 신앙과 이성이 조화될 수 있는 길을 모색한다.

그리고 신앙의 우위를 주장하는 사람 중에는 철학적이고 지성적인 논의는 필요없고 오직 신앙으로 족하다는 사람도 있다. 아테네와 예루살렘이 도대체 무슨 상관인가를 반문하였던 터툴리안(Tertullianus)의 생각이 대표적이다. 그는 말한다. '불합리하기 때문에 믿는다'. 이치에 맞지 않는 것이라는 의미가 아니다. 지성인에게는 어리석어 보일지 모르나 그것이 구원의 길이며, 이성의 능력을 초월한 것이기에 믿음으로 수용한다는 것이다.

신앙과 이성이 조화되고 종합될 수 있다는 생각은 토마스 아퀴나스(St. Thomas Aquinas)에게서 볼 수 있다. 신앙과 이성은 모두 하나님을 향한 두 날개라 할 수 있다. 신앙은 이성과 상충하지 않는다. 신앙의 내용을 이성적으로 검토될 수 있으며, 이성은 신앙의 길을 찾을 수 있다는 것이다. 인간의 인식은 지성에 의해 이루어지는 것도 있으며, 지성적으로 납득할 수 없는 것도 있다. 지성에 의해 인식되지 못하는 것은 지성 이하의 것이거나 지성을 넘어선 것 둘 중의 하나이며, 신앙과 계시의 영역은 초자연적, 초지성적 영역에 해당한다는 것이다. 그러므로 토마스의 관점에서 볼 때, 신앙과 이성은 상호보완적이며 조화될 수 있다. 그의 학문적 방법론을 종합이라고 부르는 이유가 여기에 있다. 어설픈 결합이 아니라 전체와 하나로 녹아드는 종합의 길을 말한다.

이성이 신앙 보다 앞선다는 생각도 있다. 엄밀히 말한다면, 그들은 이성과 신앙을 분리하여 이성의 우위 또는 이성만이 사유를 정당화한다. 스콜라철학 후기의 스코투스(D. Scotus)나 옥캄(W. Okham)에게서 볼 수 있다. 그리고 이러한 사고방식은 근대철학의 아버지 데카르트(R. Descartes)와 칸트(I. Kant)에게서 더욱 철저화되어 이성의 한계 내에서의 종교를 말하는 단계에 이른다. 계몽주의와 실증주의로 이어지는 현대적 지성이라 일컬어지는 일반적 경향은 이러한 이성과 신앙의 분리 및 이성에 의한 진리인식을 강조하는 경향이 있다.

신앙의 영적 체험이 있었다 해도 이성적으로 검증해야 하며 이성적으로 이해되고 납득할 수 있는 것이어야 한다는 생각은 무엇이든 덮어놓고 믿어 버리는 맹신(盲信)이나 지나친 신앙으로 치닫는 광신(狂信)을 회피하고 냉철한 검증을 요구할 수 있다는 점에서 나쁘다고 할 수 없다. 그러나 이성이라는 틀에 의해 기적을 부정하고 신앙의 사건을 수용하지 못하는 어리석음은 극복되어야 한다. 이성과 신앙은 상호분리적인 것일 수 없으며, 진리의 인식에 동반자일 수 있기 때문이다. 더구나 신앙 자체가 이성에 의해 지지되고 정당화될 수 있으며, 이성의 능력만으로는 파악할 수 없는 부분이 분명히 있기 때문이다.

조금 다른 맥락에서, 인간의 전적타락과 불가항력적 선택이라는 은총을 강조하며 하나님의 주권사상을 부각시킨 칼빈(J. Calvin)의 생각을 빌자면, 신앙과 계시는 진리의 원천이며 인간의 이성은 '구원받은 이성'일 때 비로소 의미있는 일을 할 수 있다. 그런가하면, 키엘케고르(S. Kierkegaard)는 신앙을 일종의 역설(paradox)이라고 말한다. 계시의 사건은 이성의 한정된 능력으로는 도저히 감당

할 수 없으며, 그리스도와 구원의 사건은 삼단논법적 연역에 의해 설명될 수 없다. 그것은 이성을 능가하는 일이며 신앙이라는 비약(leap of faith)이 필요하다. 기독교 신앙은 예수 그리스도 안에 나타난 하나님의 역사적 계시라는 역설을 믿는 것이며 인간의 사유를 넘어있는 신비라는 것이다.

중요한 것은 신앙이다. 그것은 이해의 문턱을 넘어서 있는 또다른 세계이며, 하나님의 은총적 부르심에 대한 온전한 응답을 통해서만 경험할 수 있다. 결단하지 않는 자에게는 다만 이해될 수 있는 것, 그럴 수도 있을 것이라는 단계에 머물 뿐이다. 신앙은 지적 동의만으로 이루어지는 것이 아니다. 마음을 열어 수용할 때, 신앙의 진리는 경험되며 나의 것으로 고백할 수 있다. 신앙에는 지(知), 정(情), 의(意) 인격의 3요소가 모두 요청된다. 인격을 다하여 결단하는 자에게 신앙의 진리는 가장 뚜렷하게 빛날 것이다.

일찍이 토마스 아퀴나스는 믿음에 대해 이렇게 말했다. 첫째, 믿음이란 자연적 태도이다. 우주의 질서와 법칙에 대한 자연적 태도로서의 신뢰가 그것이다. 고층 빌딩에 들어가면서도 건물의 안전을 신뢰하는 것도 마찬가지이다. 둘째, 기독교의 교리에 대한 지적 동의와 수용이다. 기독교가 말하는 신앙의 원칙들과 교리들은 믿을만한 것이며 또한 믿어야 한다고 생각하는 자세를 말한다. 그리고 셋째, 하나님의 존재와 그 은혜에 대한 온전한 위탁이다. 마치 자녀가 부모의 품에 안겨 평안함을 누리는 것처럼, 하나님에 대한 신앙은 그분에게 삶의 모든 것을 헌신하고 위탁하는 단계에 이르러야 한다는 것이다.

우리는 바로 여기에 온전한 의미에서 인격을 다한 신앙의 정수가 있다고 생각한다. 그것은 새로운 영성의 시작이며 하나님의 은총에 의한 인간완성을 향한 소중한 결단이다. 영성이 메마른 e-시대를 사는 진정한 지혜자는 인격적 결단과 위탁으로 얻는 믿음의 세계, 그리고 그 안에서 누리는 진정한 자유의 영성을 소중하게 생각하며 인격적으로 결단하는 자이다. 바로 이 세계에 독자 여러분을 정중히 초청하고 싶다. 믿음의 세계에로 들어가는 것은 곧 신앙의 진리를 수용하는 것이며 온 인격을 다해 영접하는 것이다. 영접하는 자에게 주어질 위대한 약속이 여기에 있다.

> 영접하는 자 곧 그 이름을 믿는 자들에게는 하나님의 자녀가 되는 권세를 주셨으니…
>
> (요1:12)

3 | 영 원 의 　 세 계 를 　 향 하 여

e-시대를 사는 현대인은 정보통신 네트워크를 통해 더 많은 것을 볼 수 있으며, 더 넓은 세계를 체험할 수 있다. 그러나 볼 수 있는 컨텐츠, 즉 사진과 이미지, 그리고 플래시가 많아졌다고 현대인의 삶이 과연 행복하고 풍요로워진 것일까? 세상에 대한 설명법 중에 '보이는 것'과 '보이지 않는 것'의 구별이 있다. 우리는 이 말을 다시 '보는 주체'와 '보이는 대상'을 기준으로 나누어 볼 수 있다. 보는

사람의 지리적 위치, 각도, 그리고 조명을 비롯하여 주체(subject)로서의 보는 사람의 조건과 관점에 따라 같은 대상도 달라 보인다. 그런가하면 객체(object)가 단순한 관찰의 대상인지, 상상력으로 보아야 할 것인지, 또는 주체보다 더 위대한 존재인지에 따라 봄과 보임은 달라질 수 있다.

본다는 것은 여러 뜻이 있지만, 가장 기본적인 것은 시력(視力)의 작용이다. 육안(肉眼)으로 관찰하는 것을 말한다. 물론 시력이 나쁜 사람들에게는 잘 안 보이는 것도 있겠지만, 시력보정장치를 마련한다면, 육안으로 보는 것에는 별 차이가 없을 듯싶다. 본다는 것의 또 다른 뜻은 알아차린다는 것이다. 우리말에 '네가 지금 눈에 보이는 것이 없구나'하는 표현은 비록 육안으로 관찰하기는 해도 그 관찰대상이 어느 정도의 위력과 가치를 가진 것인지 제대로 알지 못한다는 뜻이 강하다.

본다는 말의 또 다른 뜻으로 '간주(看做)한다'는 것도 생각할 수 있다. 우리말 문장에 '이렇게 본다면……', '다시한번 생각해 보자', 또는 우리말 표현에 '보아하니 이것은 좋은 물건이구나' 등은 단순히 육안으로 관찰한다는 것에 그치지 않고 마음의 평가작용이 개입해 있음을 알려준다. 예를 들어 관광(觀光: sight-see-ing)이라는 단어는 단순히 육안을 통해 보는 작용에서 시작하여 마음의 평가가 개입되고 아름다움을 느끼는 단계에 이른 것을 알 수 있다. 이러한 의미에서 우리는 마음의 눈(心眼)이라는 것을 생각해 볼 수 있다. 나아가 아름다운 것의 진정한 가치를 감상할 수 있다는 의미에서 심미안(審美眼)이라는 말도 고려해 볼 필요가 있다.

따라서 본다는 것의 주체인 보는 사람의 눈은 단순히 시력의 차원에 머물지 않고 일종의 안목(眼目)으로 그 개념이 확대됨을 알 수 있다. 오래된 물건을 볼 수 있는 안목이 없다면, 헐값에 조상의 유물을 팔아넘기는 어리석음을 범할 수 있지만, 안목이 있는 사람은 그 진가를 알아차리고 정당한 가치를 인정할 수 있는 것도 이러한 이치라 하겠다. 말하자면, 본다는 것은 그 주체의 측면에서 다양한 의미가 구분된다. 보이는 것과 보이지 않는 것을 이야기하려는 의도가 여기에 있다.

우리는 특히 기독교와 신앙의 세계에 대한 또 다른 눈(靈眼)을 생각할 수 있다. 영적 세계를 바라보는 눈이다. 경험적으로 관찰할 수 없고 실증주의적 기준에 맞지 않는 것일지 모르나 관찰과 실증만이 전부는 아니라는 사실을 우리는 인정해야 한다. 마음으로 보고, 상상으로 보는 것 중에는 눈으로 보는 것 보다 더 소중하고 의미있는 것일 수 있다. 특히 영혼을 지닌 인간은 영적 세계를 바라 볼 수 있는 안목이 필요하다. 영혼의 눈은 관찰되거나 실증할 수 없는 세계의 진리를 볼 수 있는 통로이기 때문이다.

'본다는 것'에 대한 생각을 바탕으로 '보이는 것'에 대해 성찰해 보자. 보이는 것이란 가장 기초적으로 육안으로 관찰되는 대상이다. 일상적인 관찰의 대상들이 그것이다. 그러나 육안으로 관찰할 수 없는 너무 크거나 지나치게 작은 것들도 있다. 망원경, 확대경, 현미경 등은 모두 여기에 사용되는 도구들이다. 눈에 잘 보이지 않는 먼지와 티끌, 극소미립자, 원자, 그리고 새로운 관심의 대상이 되는 나노기술(Nano-technology) 등이 그 대상이다. 그리고 질병의 진단을 위한 X-선 촬영기, C.T촬영기, 그리고 M.R.I. 등은 장기와 척추 등 신체 내부의 상태를 보기 위한 기구들이다. 우리는 이런 모든 것을 통칭하여 '보이지 않는 것'이라 한다. 그것들은 육안으로 볼 수 없으나 보아야 하는 것들이다.

육안으로 볼 수 없는 것에는 그 어떤 기계적 도움을 얻어도 관찰할 수 없는 것도 있다. 마음, 사랑, 진실 등은 육안으로 관찰할 수 있는 영역을 넘어선다. 그것은 마음의 눈으로 보는 것이며, 느끼는 것이라 할 수 있다. 한걸음 더 나아가 영적 세계가 있다. 심령술이나 정신과학에서는 이른바 기(氣, energy)의 형태로 그것들이 환원될 수 있고 측정가능하다고 말할지 모르나, 물량적 측정 데이터로 변환된 것이 보이지 않는 세계의 참 모습은 아니다.

보이는 것은 다시 크게 두 가지로 나눌 수 있다. '한시적인 것'(the temporal) 과 '영원한 것'(the eternal)이 그것이다. 시간의 지배를 받는다는 의미에서 변화 의 세계, 가변성의 영역에 있는 것과 그 영역을 넘어선 영원한 것은 같지 않다. 한시적인 것은 영원한 것의 그림자 이거나 허상에 불과하다. 이 문제를 두고 깊이 생각했던 아우구스티누스(St. Augustinus)는 가변적이고 한시적인 것에 집착 하여 영원한 것을 알아차리지 못하는 인간의 모습을 안타까워했다. 수단으로 사 용해야 할 것을 목적으로 향유하고, 진정으로 향유해야 할 것에 대해 무관심한 인간의 모습은 삶의 왜곡을 낳고, 무질서로 이어진다는 것이다.

아우구스티누스에 따르면, 인간은 모두 행복하기 원하지만, 진정한 행복을 누 리지 못하는 이유가 여기에 있다. 그리고 인간은 모두 자신을 행복하게 해 줄 대상 을 사랑하는 존재이지만, 사랑의 올바른 질서를 유지하지 못함으로 인해 불행하 게 된다고 말한다. 그는 영원한 존재를 목적으로 향유하는 사랑(*frui*)과 시간적인 것들을 수단적으로 사용하는 사랑(*uti*)의 질서가 필요하다고 말한다. 그것이 바로 진정한 사랑(*caritas*)이며, 그 질서의 왜곡은 악한 사랑(*cupiditas*)일 뿐이다. 진정으로 행복하고자 한다면, 진정한 사랑을 통해 영원하신 하나님을 향하여 나아가야만 진정한 행복에 이를 수 있다는 것이 그의 결론이다. "당신 품에 거하기 전 까지는 진정한 안식이 없나이다."

안타깝게도 우리는 보는 것과 보이는 것에 대해 짧은 생각 또는 편견을 가지고 있다. 가장 쉬운 예로, 외모지상주의(lookism)가 그렇다. 보이는 것과 외모의 아름다움을 추구하는 것이 나쁜 것은 아니다. 지나칠 때 문제가 된다. 또는 착각과 편견에서 문제가 발생한다. 얼굴이 예쁘고 잘 생긴 사람이 저지르는 실수에 대해서는 관대하면서도 보이는 것과 외모가 떨어지는 경우에는 동정심이 발휘되지 못하는 경우가 너무 많지는 않았는지 생각해 보아야 한다. 보이는 외모가 좋으면, 그의 보이지 않는 내면의 성품도 착하고 좋은 것이라고 단정짓는 버릇은 없는지 깊이 성찰해 보아야 한다. 보이는 것만으로 모든 것을 판단하기에는 우리의 삶을 구성하는 요소들이 정말 많다는 것을 기억해야 한다.

우리의 속사람, 마음가짐이 그렇고, 미래가 그렇다. 앞날의 벌어질 일들, 혹은 지금은 초라해 보이나 그 사람에게 잠재된 미래의 찬란한 모습을 속단할 수는 없다. 보이는 것과 보이지 않는 것은 구분된다. 그러나 보이는 것만이 전부는 아니다. 보이지 않는다고 존재하지 않거나 가치없는 것이 아니다. 보이지 않는 세계에 영원한 존재가 있고 진정한 가치와 의미의 영역이 있을 수 있다. 이것부터 인정하는 것이 중요하다. 비로소 거기에서 현대인을 위한 진정한 영성이 시작될 것이기 때문이다. 보이지 않으나 영원한 진리의 세계를 향하여, 기독교는 그 과감한 출발의 결단을 촉구한다. 신앙의 세계는 눈으로 볼 수 없으나 영원하신 하나님을 만나는 통로이며, 인간의 폐쇄성을 벗어던지고 자신을 영원의 세계를 향하여 나아가게 하는 원동력이다.

　이러한 의미에서 기독교는 인간을 상대적이고 한시적인 것에 얽매이지 않는 존재가 되게 한다. 미래와 비전을 더 소중히 여기는 사람으로 만들어 간다. 내면의 성숙과 깊은 성찰을 더 가치있는 것으로 생각하게 한다. 육체적 쾌락과 순간의 안정을 넘어서 인간을 근본으로부터 보게 한다. 진정한 행복의 사람은 인류보편의 질병인 죽음에 이르는 병, 곧 죄와 사망을 이기는 사람임을 알려준다. 영원하신 하나님과 그 사랑, 그리고 예수 그리스도의 십자가와 은혜를 통한 새로운 삶의 소중함을 깨닫게 한다. 여기에 기독교의 본래적 초청이 있다. 이 위대한 초청을 성서에서는 이렇게 말한다. 주 예수를 믿으라 그리하면 너와 네 집이 구원을 얻으리라.(행16:31)

더 생각해 볼까요?

>> e-시대에 기독교에 아가페에 대한 깊은 생각을 가진다는 것은 왜 필요하며, 어떤
의미에서 중요합니까?

>> 믿는 것이 우선입니까? 혹은 아는 것이 우선입니까? 믿음과 이해의 바람직한
관계를 어떻게 요약할 수 있을까요?

>> 눈에 보이는 것과 보이지 않는 것의 구분, 한시적인 것과 영원한 것의 구분에서
우리가 관심을 가져야 할 영역은 무엇입니까?

아가페,
섬기는 리더가 되게 하다

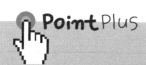

Point Plus

>> 자원봉사의 시대입니다. 그동안 가지고 있었던 자원봉사의 필요성과 그 실천방안에 대한 나름대로의 생각을 이야기해 봅시다.

>> 기독교와 자원봉사는 어떤 관계에 있습니까? 그리고 한국의 기독교가 보이지 않게 선행을 베푸는 일에 대해 어떤 생각으로 접근해야 할까요?

>> 아가페의 사랑은 실천되어야 합니다. 자원봉사는 아가페적 사랑의 실천을 위한 통로입니다. 당신은 어떤 일을 통해 사랑을 실천할 수 있습니까?

신앙의 세계를 향한 출항을 기다리는 듯 재현된 베드로의 목선

1 | 섬 김 은 아 가 페 의 실 천 이 다

인간은 모두 하나님의 사랑받는 존재, 곧 아가페의 대상이며 아가페의 주체이자 아가페의 목적이다. 그러나 많은 경우에 우리는 아가페의 요구가 무시되고 경쟁과 집착, 그리고 자기주장으로 소란스러운 세상을 볼 수 있다. 특히 경쟁은 발전적인 결과를 낳는다. 그러나 경쟁이 능사는 아니다. 승자에게는 기쁨이 넘칠 수 있으나 그렇지 못한 사람들에게는 피해의식 또는 패배의식이 찾아올 것이기 때문이다. 경쟁을 통해 우열이 가려져야 하고, 승자와 패자가 구분되어야 한다는 점에서 모두가 승자가 되려하고 성공에 집착하기 쉽다. 그렇게 집착하는 동안에 인간은 모두가 소중한 존재일 뿐, 열등하거나 우월한 존재일 수 없다는 사실을 놓치기 쉽다. 문제는 경쟁이라는 것이 회피할 수 없는 현실(reality)이라는 데 우리의 고민이 있다. 그 어느 시대를 막론하고 경쟁이 없었던 때는 찾아보기 어렵다.

하지만, 예수 그리스도는 경쟁과 성공에 집착하는 제자들에게 새로운 삶을 요구하셨다. 섬기는 자가 되라는 것이다. 자리다툼을 통해 상전이 되고 많은 것을 거머쥐고 호령하는 지배자가 될 것이 아니라 자신을 낮추어 남을 섬기는 봉사자가 되라고 하신다. 높은 자리에 오르는 것 자체가 나쁘다는 것이 아니다. 그의 내면적 태도가 억압적이고 권위적일 때, 그에게 주어진 높은 자리는 또다른 인간소외를 낳고 많은 상처를 남기고 말 것이다. 높아지려 경쟁하고 집착하는 태도에서 벗어나 낮아지는 마음으로, 섬기는 자세로 살아야 한다는 교훈이다. 낮은 곳에서 말없이 자신의 직무에 최선을 다하는 사람의 보람과 소외된 자들과 함께하는 사람들의 아름다운 미소를 소중히 여길 수 있어야 한다.

낮은 곳에서 일하는 아름다운 사람들의 모습은 자원봉사 또는 사회봉사의 현장에서 두드러진다. 봉사한다는 것은 그 어원부터 기독교사상과 가깝다. 자원봉사라는 말은 Volunteer, Volunteerism 등에서 유래하였다. 이는 라틴어의 자유의지(*voluntas*)에서 파생한 것으로, 현대적 관점에서 볼 때, 자발성과 민간성이라는 요소가 주목된다. 따라서 자원봉사라 함은 자유의지에 의하여, 즉 강제없는 상태에서 다른 사람이나 사회를 위한 헌신을 일컫는다. 자원봉사라는 용어 이외에 사회봉사라는 말도 사용되지만 그 본래의 취지는 크게 다르지 않다고 할 수 있다.

굳이 구분하자면, 자원봉사는 이른바 제3영역(the third sector)에 속한다. 인류가 발전시켜온 제1영역인 정부, 그리고 이윤추구를 목적으로 하는 제2영역으로서의 기업이외에 제3영역이라 불리우는 자원봉사활동은 비영리분야에 속한다. 그리고 자원봉사자(volunteer)라는 용어는 본래 군 지원병을 지칭하는 것이지만, 일반적으로 무상으로 봉사하는 사람을 뜻하는 경향이 있다.

자원봉사와 별다른 구분없이 사용하는 사회봉사(social services)라는 용어는 사회복지(social welfare), 사회사업(social work), 사회정책(social policy) 등과 연계된다. 가령, 사회복지는 인간의 행복을 증진시키기 위하여 정부와 민간이 정책과 필요한 서비스를 통해 사회적 역기능을 예방하고 경감시키기 위한 체계적이고 조직적인 노력이라 할 수 있다. 그리고 사회사업이 사회복지 기관이나 사회봉사 구조 안에서 실행되는 전문화된 직업 또는 그 활동을 의미한다면, 일반적으로 사용하는 사회봉사라는 말에는 개인봉사(personal services)와 기관봉사(institutional services)가 포함될 수 있다.

이러한 자원봉사 또는 사회봉사가 기독교적 섬김의 차원에서 이해되어야 하는 이유는 기독교가 지닌 독특성에서 설명되어야 한다. 네 이웃을 네 몸과 같이 사랑하라 하신 예수의 아가페 계명은 우리에게 섬김과 봉사의 중요성을 사명으로 인식시킨다. 그 근거에 구원의 사랑, 아가페에 대한 응답이 자리잡고 있다. 아가페 사랑에 의해 구원받은 죄인은 그 사랑의 감격하는 응답의 책임을 마땅히 수행하여야 하기 때문이다. 특별히 이웃을 바라볼 때, 방관자적 입장을 넘어서 적극적으로 그들과 자신을 동일시하는 노력이 요청된다. 이웃역시 아가페에 의해 구원받아야 할 존재이기 때문이다. 말하자면, 이웃을 돕는 것이 자신을 사랑하신 하나님의 아가페에 대한 응답인 셈이다. 여기에 섬김의 참 뜻이 깃들어 있다.

특별히 성서가 자원봉사 또는 사회봉사의 중요성을 지속적으로 강조한다는 점에서 기독교와 봉사의 관계는 불가분리적이다. 봉사에 해당하는 성서적 용어는 섬김이라는 단어 속에 함축된 의미로 간직되어 있으며, 가난한 이웃에 대한 사랑의 표현이라는 측면이 두드러진다. 시내산에서 모세를 통해 주신 하나님의 계약법은 가난한 자, 소외된 자, 나그네 된 자, 고아와 과부 등에 대한 보호를 명한다. 그것은 하나님의 형상으로 창조된 인간이 그 존귀한 삶을 영위할 수 없는 소외 그룹에 속하게 되었을 때, 그들을 도와 인간다운 삶을 누리도록 하라는 교훈으로 볼 수 있다.

특히 경제적으로 가난한 백성들을 위한 규정들에 이러한 특징이 잘 나타난다. 하나님은 가난한 자들을 착취하는 고리대금업자들을 엄히 경책하셨다. 또한 가난한 자들이 가진 자들의 땅에서 추수시 떳떳이 이삭을 주울 수 있도록 하는 추수의 방식을 명시함으로써 그들의 최소생계를 위한 기본적 노력의 중요성을 강조하신 것을 볼 수 있다. 그리고 노예에 대한 안식년 해방의 방법에 대한 명시 등은 극빈자를 보호하시는 하나님의 배려를 보여준다. 그 밖에 출애굽기와 신명기 법전에 나타난 공동체의식과 소외된 자들에 대한 배려의 중요성을 일깨워 준다.

신약성서에서 섬김의 교훈은 하나의 사명으로 격상된다. 예수께서는 가난하고 소외된 사람들을 위한 깊은 관심을 보이셨다. 심지어 그들에게 행한 것이 곧 예수 자신에게 행한 것이라고 하실 정도이다.(마25:40) 예수는 제자들에게 세상의 빛과 소금이 되라 하시며(마 5:13-14) 모든 크리스챤이 수행해야 할 사회적 책임과 사명을 일깨우셨다. 주릴 때에 먹을 것을 주며 목마를 때에 마실 것을 주고 나그네 되었을 때 영접하고 헐벗었을 때에 입을 것을 주며 병들었을 때와 옥에 갇혔을 때에 돌아보는 일은 모두 하나님나라 의 백성들이 마땅히 해야 할 사명으로서의 봉사의 중요성을 일깨우신 것이다.

예수의 부활과 승천 이후 초대교회의 역사에서 섬김은 교회공동체의 중요한 사명으로 자리잡는다. 사도행전에 나오는 7명의 집사 선출은 교회의 체계적인 사회봉사를 위한 첫 걸음이었다. 그 중에서도 과부와 고아 등 사회적 약자를 전적으로 돌보는 집사(*diakonos*)를 세운 일은 매우 의미가 크다. 혹자는 이를 최초의 사회복지사 제도로 보려는 생각도 있지만, 그것보다는 기독교적 사회봉사를 위한 교회의 관심이 제도화되고 체계적인 확산의 단초를 마련하였다고 보는 것이 타당하다. 초대기독교공동체가 구제와 봉사를 통해 아가페적 사랑을 실천하는 일에 힘썼다는 것은 좀 더 중요한 의의를 지닌다. 구제와 봉사가 개인의 선한 양심에서 비롯한 개인적 차원의 섬김에 그칠 것이 아니라 공동체적 관심의 대상이 되어야 한다는 것이다. 아가페적 신앙의 공동체인 교회가 예수께서 명하신 섬김의 길을 따라가는 섬김공동체로서, 국가와 민간단체로 해소할 수 없는 부분까지 깊은 관심을 가져야 할 책임을 설정한 것이다. 이러한 전통이 계승되어 서양의 기독교 국가들이 역사 속에서 사회봉사의 제도화 및 체계화를 통하여 시민사회를 이룩해왔다는 점 또한 놓치지 말아야 할 것이다.

이처럼, 기독교와 사회봉사는 본질적 사명의 관계이며, 사회봉사를 통해 아가페 사랑을 실천하는 기회를 얻을 것이라는 점에서 우리에게 많은 것을 깨우쳐준다. 물론, 일반적 의미에서 자원봉사 또는 사회봉사의 유익을 말하는 것과도 통하는 부분이 있다. 가령, 자원봉사를 통해 다른 사람을 돕고 친절해지는 것을 배움은 물론 다른 사람의 삶을 바꿀 수 있고 세상을 바꿀 수 있다는 점, 책임감있는 사람이 된다는 것의 의미를 깨닫게 된다는 점, 그리고 나눔과 섬김의 인격이 공동체적 인격형성에 도움이 된다는 점 등등 여러 가지 유익을 공유한다.

동시에 기독교 사회봉사만이 가지는 독창적 의의 또한 간과되어서는 안된다.

가령, 시민운동 또는 사회참여로서의 자원봉사가 자발성을 특징으로 한다면, 기독교 사회봉사는 하나의 신앙적 사명이요 말씀에 대한 순종이라는 점에서 구별된 특징을 가진다. 또한 대상자의 욕구충족이라는 일반적 목표는 물론이고 그것을 넘어 영혼의 구원과 하나님나라 확장을 목적으로 한다는 점에서 독창성을 지니고 있으며, 더욱 큰 책임감과 사명의식을 필요로 한다. 그것은 그 근본에 아가페의 실천이라는 복음적 사실에 맞닿아 있기 때문이다.

2 | 선 한 사 마 리 아 인 이 되 라

아가페적 사랑을 근본으로 삼는 기독교의 섬김은 예수께서 말씀하신 '선한 사마리아인'의 비유를 구체적 실천이라 할 수 있다. 신약성서의 선한 사마리아인 비유는 봉사에 관한 예수의 관심을 대변한다. 한 율법사가 구원을 얻기 위해서 어떻게 해야 하느냐고 질문했을 때, 예수께서 하나님을 사랑하고 네 이웃을 네 몸 같이 사랑하라는 계명을 선언하셨다. 이 비유를 통해 예수께서는 누가 우리의 이웃이며, 누가 진정한 이웃이 될 수 있는지 깨닫게 하셨다.

예수께서 대답하여 가라사대 어떤 사람이 예루살렘에서 여리고로 내려가다가 강도를 만나매 강도들이 그 옷을 벗기고 때려 거반 죽은 것을 버리고 갔더라.

마침 한 제사장이 그 길로 내려가다가 그를 보고 피하여 지나가고 또 이와 같이 한 레위인도 그곳에 이르러 그를 보고 피하여 지나가되, 어떤 사마리아인은 여행하는 중 거기 이르러 그를 보고 불쌍히 여겨 가까이 가서 기름과 포도주를 그 상처에 붓고 싸매고 자기 짐승에 태워 주막으로 데리고 가서 돌보아 주고 이튿날에 데나리온 둘을 내어 주막 주인에게 주며 가로되, 이 사람을 돌보아 주라 부비가 더 들면 내가 돌아 올 때에 갚으리라 하였으니 네 의견에는 이 세 사람 중에 누가 강도 만난 자의 이웃이 되겠느냐? 가로되 자비를 베푼 자니이다 예수께서 이르시되 가서 너도 이와 같이 하라 하시니라. (눅10:30-37)

예수께서 베푸신 비유의 배경은 이웃에 대한 생각을 혁명적으로 바꾸어 놓는다. 비유에 등장하는 사마리아인은 그 인종과 신분 자체로 남에게 무엇을 베풀 입장이 아니었다. 사마리아인의 역사는 멀리 구약으로 거슬러 올라간다. 통일왕국시대가 끝나고 북쪽 이스라엘과 남쪽 유다왕국으로 갈라졌을 때, 사마리아는 북왕국의 수도가 되었다. 그러나 꼬리를 물고 발생하는 쿠데타로 인한 정권불안정과 여호와신앙에 대한 배신으로 하나님과의 아가페적 약속을 어긴 그들의 역사는 비참하게 마감되었다. 구약신학자들에 따르면, 북왕국의 멸망은 잃어버린 열 지파 전설에 반영된 것처럼 심각한 파국이었다.

이후 사마리아는 외세의 무대가 되었고, 자연스럽게 이스라엘의 혈통은 사라지고 인종혼혈의 지역이 되었다. 신약시대에 나타난 기록을 볼 때, 사마리아인들은 유대인 대접을 받지 못할 뿐 아니라, 전근대적 사회가 항상 그러하듯, 혼혈과 배신의 그룹으로 낙인찍혀 사회적으로 천대받는 계층이 되어 있었다. 이렇게 본다면, 예수의 비유에 등장한 사마리아인은 자신의 처지도 딱한 형편이지만, 그럼에도 불구하고 섬김을 실천한 사람이다. 불구하고(in spite of——)의 사랑으로서의 아가페적 사랑의 본질을 상징적으로 보여주는 대목인 셈이다.

동시에 이 비유는 당시의 사회에서 지도층에 속하는 사람들이자 특권을 누리는 계층이었던 제사장과 바리새인들에 대한 고발이기도 하다. 그들에게는 특권만 있을 뿐, 사랑과 섬김이 없었다. 그러나 예수께서 베푸신 비유를 사마리아인의 인권상황을 개선하거나 인종차별을 폐지해야 한다는 정치적 슬로건으로 축소되어서는 안된다. 차별받는 사람들, 즉 사마리아인 모두가 착한 사람이라는 주장도 아니다. 중요한 것은 사랑의 실천자가 되는 것이다. 선한 사마리아인이 되라는 교훈이다. 여기에 아가페적 섬김의 본질이 있다.

예수께서 말씀하신 선한 사마리아인의 비유는 기독교적 섬김의 전형이요 가장 핵심적인 근거이다. 아가페적 사랑은 인종과 신분을 초월하는 것이며, 실천을 요구하는 역동적 사랑이다. 우리는 특히 예수께서 가르치신 이웃의 개념에 주목해야 한다. 그것은 관념적 이웃의 개념을 넘어선다. 거리상의 인접성이나 공동체 구성원이라는 제한된 이웃개념이 아니다. 아가페적 섬김의 관점에서 볼 때, 이웃은 도움을 필요로 하는 모든 사람이다. 그리고 이웃되기의 핵심은 그들의 필요에 응답하는 것이다.

나아가 자원봉사 혹은 사회봉사는 신앙인의 책무이며, 동시에 신앙인의 모임인 교회공동체의 사명이다. 교회라는 말은 그리스어의 에클레시아(ἐκκλησία)에서 유래되었다. 어원적으로, 에클레시아는 모임(just an assembly)이라는 뜻보다는 목적을 위하여 부름 받은 회중(a called-out assembly)이라는 뜻에 가깝다. 다시말해, 공동체(community)이다. 교회는 예수 그리스도를 구세주로 믿고 고백하는 사람들의 공동체이다. 신앙공동체로서의 교회는 지역사회복지구현에 참여함으로써 하나님나라를 확장하는 선교적 사명을 완수할 책임이 있다.

교회는 세상과 불가불리의 관계 속에 있으며, 이중구조를 지닌다. 하나는 하나님께서 교회를 세상으로부터 불러내신다는 측면이고 다른 하나는 세상을 향해 파송하시는 측면이다. 다시말해 '예배'(worship)와 '선교'(mission)가 교회의 목적이라는 것이다. 예배는 인간이 하나님을 만나는 사건이요, 하나님께서 인간을 만나 주시는 사건이다. 예배에는 우선 하나님에 대한 인간적 응답으로 기도가 수행된다. 기도는 인간이 가지는 가장 순수하고 진지한 행위에 속한다. 예배 속에 설교가 주어진다. 설교는 우리의 질문 상황에 대한 하나님의 메시지이다. 설교는 사람에 의해서 수행되지만, 그 속에서 우리에게 다가오시는 분은 하나님 자신이시다. 예배는 인간과 만나시는 하나님 앞에서 응답하는 신앙의 행위이며, 하나님께서 우리에게 다가오심인 것이다.

그러나 하나님께서 우리를 부르신 것은 예배로만 완결되는 것이 아니다. 구원받은 교회는 보내심을 받는다. 하나님께 드리는 예배는 동시에 인간에게 하는 봉사이어야 한다. 하나님께 드리는 참된 예배는 인간에게 하는 봉사이고, 인간에게 하는 참된 봉사는 하나님께 드리는 예배인 것이다. 하나님이 교회를 세상으로 보내신다는 것은 곧 세상 끝 날까지 그리고 땅 끝까지 이르러 '그리스도의 증인'이 되라는 '선교'(mission)를 의미한다. 선교는 가시적 교회의 일원이 되게 하는 것을 더 넘어서 본질적으로 하나님의 자녀가 되게 하는데 목표가 있다. 동시에 선교란 단지 영혼 구원을 넘어서 삶 전체의 구원을 목표로 한다. '사회-정치적 차원'과

'자연-생태학적 차원'까지 목표로 한다는 말이다. 이러한 의미에서 복음화와 인간화는 동전의 양면과도 같다.

선교하는 공동체로서의 교회는 통전적 선교의 핵심으로 봉사의 책무를 지닌다. 이것은 성서가 증언하는 초대교회의 모습에서 발견되는 대목이다. 사도행전 2:46-47에 나타난 처음교회의 모습은 예배와 선교와 봉사가 어우러진 공동체적 특성을 지니고 있다. "날마다 마음을 같이 하여 성전에 모이기를 힘쓰고 집에서 떡을 떼며 기쁨과 순전한 마음으로 음식을 먹고 하나님을 찬미하며 또 온 백성에게 칭송을 받으니 주께서 구원 받는 사람을 날마다 더하게 하시니라." 특히 교회의 봉사적 기능(diakonia)은 이웃과 사회를 섬기는 책무를 말한다.

이와 관련하여 우리는 한국사회와 기독교가 사회봉사에 관하여 어떤 자세를 가져야 하는지 생각해 보아야 한다. 한국교회 역시 사회봉사의 중요성에 관한 인식은 놓치지 않았다고 보인다. 가령 구제라는 용어가 사용되던 시기도 있었지만, 사회봉사 또는 자원봉사 활동 전체를 엮어 교회의 본질적 책무에 넣는 것이 한국의 교회들에 새롭게 인식되고 있다는 점은 매우 희망적이다.

3 │ 섬 기 는   리 더 가   되 라

사회봉사 또는 자원봉사는 시민사회의 중요한 축이 되고 있지만, 그 발달의 과정에 기독교적 단초가 있었다는 점은 우리에게 섬김의 책무를 새롭게 인식시키는 중요한 계기가 된다. 예수께서 섬김의 중요성을 강조하신 것은 단순한 처세술이나 좋은 명상의 말씀을 주신 것이 아니라 구체적으로 실천되고 삶의 현장에서 열매로 나타나야 할 사명에 해당한다. 기독교에 있어서 섬김은 선택사항이라기보다는 일종의 삶의 스타일이어야 하며 신앙인과 신앙공동체가 마땅히 행할 과제라 해도 지나치지 않을 것이다.

최근 많은 지식인들이 섬김에 대한 관심을 표현하고 있는 것은 우연한 일이 아니라, 소중한 가치를 재발견하려는 노력으로 평가되어야 할 듯싶다. 이를테면, 리더십에 관한 이론에서 섬김의 중요성을 말하고 섬기는 리더를 이상적인 지도자상으로 제안하는 것은 어쩌다 한번 성서의 사상과 유사한 이야기가 나왔을 것이라는 생각을 뒤집어 놓는 좋은 예라 하겠다. 여러 가지 이론적 제안들 중에서 우리는 성경의 교훈에 기초한 섬기는 리더(Servant Leader)의 중요성과 필요성에 주목하고자 한다. 더구나 섬김의 리더십이 기업경영의 패러다임변화에 중요한 변수가 된다는 주장은 섬김의 가치가 새롭게 조명되고 있다는 점에서 매우 고무적인 일이라 하겠다.

기업의 구조에 있어서 피라미드형 구조를 벗어나 역삼각형 마인드를 제안하는 것이나 일방적인 지시일변도의 권위주의적 지배자가 아닌 섬기는 리더로서의 지도자상을 요구하는 것은 성서의 정신에 연계된다고 하겠다. 그리고 섬기는 리더의 대표적인 인물로 예수 그리스도를 서슴없이 소개한다는 점에 있어서도 우리는 기독교와 섬김, 기독교와 사회봉사의 긴밀한 연관성을 재확인할 수 있다.

섬긴다는 것은 어찌보면 패배주의적이고 기회주의적인 처세로 오해될 수 있다. 그러나 기독교 신앙에 있어서 섬김은 눈앞의 위기를 모면하기 위한 처세술의 하나가 아니라 본질적 사명인 동시에 책무이다. 예수께서 섬기는 리더로 사셨고 섬김의 본이 되어 제자들의 발을 씻기며 세상 죄를 대신하여 희생의 어린양이 되신 사건들은 섬김이 공허한 구호나 홍보문구가 되어서는 안된다는 점을 준엄하게 일깨워준다.

오늘의 우리사회는 다원주의로 대변되는 포스트모던적 경향과 발전일변도의 테크놀러지적 흐름으로 인간의 인간됨이 심각하게 위협받고 있다. 신자유주의는 우리에게 냉혹한 경쟁의 대열에 동참하도록 강요하고 있으며, 사회의 모든 영역에서 인간의 인간됨을 위한 배려가 뒷전으로 밀려나는 심각한 위기의 상황으로 치닫고 있다. 섬기는 리더가 된다는 것은 인간을 인간되게 하는 아가페적 사랑의 표현이며 아가페의 궁극목적인 구원을 위한 밑거름이 된다는 사실에 우리시대를 위한 복음이 열려있다는 점을 잊지 말아야 하겠다.

더 생각해 볼까요?

>> 섬긴다는 것과 자원봉사 또는 사회봉사는 유사한 점이 있습니다. 주로 어떤 점에서 유사하다고 할 수 있습니까?

_____

_____

_____

>> 섬김의 공동체로서의 교회가 우리사회를 위해 할 수 있는 여러 일들 중에서 특별히 강조되어야 할 것은 무엇입니까?

_____

_____

_____

_____

>> 섬기는 리더가 된다는 것은 적당한 타협 또는 유약하고 비굴한 굽신거림과 어떻게 다르다고 할 수 있겠습니까?

_____

_____

_____

아가페를 체험한 사람들

-성서인물들을 중심으로

부록1

망원경으로 본 아담

아담은 '붉은 흙'이라는 뜻의 이름으로서 하나님께서 태초에 만드신 첫 번째 인간이다. 그는 하나님의 형상을 따라 만들어졌으며, 하나님께서 만드신 만물을 다스리고 보전하는 권리와 책임을 부여받았다. 하지만, 아담은 사탄의 유혹으로 하나님께서 유일하게 금지하신 '선악을 알게 하는 나무의 열매'를 아내 하와와 함께 따 먹음으로써 에덴동산을 상실하게 되었다. 그 후 아담은 노동의 수고와 하와는 출산의 고통을 안고 살아가게 되었다. 그러던 중 아담은 큰 아들이 작은 아들을 죽이는 참담함을 겪게 되지만, 하나님께선 그에게 '셋'이라는 다른 아들을 허락해 주셨다.

현미경으로 본 아담

1번 현미경 유일한 금지 명령의 수령자(창세기 2장 16절 ‒ 17절)

하나님께서는 직접 만드신 온 세상을 아담이 대신 관리하게 하시면서 에덴동산의 모든 나무열매는 먹어도 좋으나, 유일하게 한 가지 '선악을 알게 하는 나무 열매'는 먹지 못하게 명령하심으로써 하나님 되심을 각인시켜 주셨다. '반드시 죽을 것이다'라는 무서운 말씀과 더불어. 아담은 바로 이 명령의 직접적 수령자였다.

2번 현미경 유혹과 타락의 책임자(창세기 3장 1절 ‒ 7절)

뱀(사탄)의 유혹을 받은 하와는 먹는 날에는 '반드시 죽을 것이다.'는 하나님의 말씀을 '죽을까 하노라'라고 잘못 알고 있었다. 이는 하나님의 명령을 직접 들은 당사자로서 아내에게 잘못 숙지하도록 방치한 아담의 잘못이요 책임이었다. 그리고 자신이 혼자 사는 것을 안타깝게 여기신 하나님께서 자신과 함께 있도록 허락하신 사랑하는 아내를 혼자 있게 함으로써 결국 사탄의 유혹의 표적이 되게 한 책임도 있다.

3번 현미경   아담의 참회(창세기 3장 8절 - 21절)

　　하나님의 얼굴을 피하여 나무 사이에 숨어있는 아담을 하나님께서 부르시며 "어디에 있느냐?"라고 물으셨다. 그때 아담은 아내를 잘못 돌보고 보호하지 못함으로써 발생된 자신을 잘못을 하나님께 이렇게 이야기 했다. "하나님께서 내게 함께 살도록 하신 여자는 내게 선악을 알게 하는 나무의 열매를 주었을 뿐 먹은 것은 저 입니다. 그러니 죽어야 할 사람은 오직 저입니다.(의역)" 하나님께서는 곧 하와에게 "왜 선악을 알게하는 나무의 열매를 아담에게 주었느냐?"라고 물으셨다. 이때 아담의 회개와 혼자서 책임지려는 말을 옆에서 들은 하와는 "뱀이 나를 꾀므로 (아담만 먹은 것이 아니라) 나도 먹었습니다."라고 자신의 죄를 고백했다. (하나님께서는 왜 주었느냐 라고 물으셨음에도 불구하고...)

맺 음 말   붉은 뺨을 타고 내리는 붉은 눈물의 사람

　　아담과 하와는 자신의 죄에 대해, 잘못에 대해 얼굴 빨개지며 부끄러워할 줄 알던 사람이었다. 그것은 벗겨진 알몸으로 인한 부끄러움만이 아니라, 죄로 인해 두 동강 나버린 영혼으로 인한 부끄러움이었다. 이 부끄러움이야말로 죄로 물든 우리의 인간성을 회복하고, 영혼이 구원받는 길잡이 이다. 그렇기에 하나님께서는 먹는 날에는 반드시 죽을 것이다 라는 말씀을 뒤로 한 채 범죄한 아담과 하와가 받을 저주를 뱀과 땅이 받게 하시고, 아담과 하와는 에덴을 떠나는 벌을 내리셨다. '언젠가 회복할 것이다'라는 약속의 말씀과 함께(창세기 3장 15절). 하나님께서는 자신의 죄로 인해 부끄러워하고 얼굴 빨개지는 사람들을 찾으신다.

아 담 에 게   주 신   아 가 페

아담을 통해 볼 수 있는 아가페의 모습은 어떤 것인가?

망 원 경 으 로 본 야 곱

야곱은 '약탈자'라는 뜻의 이름으로서 성경 속에 등장하는 수많은 사람들 중에 가장 인간의 있는 모습을 그대로 보여주고 있는 인물이다. 쌍둥이로서 형 에서 보다 조금 늦게 태어났지만, 형의 발꿈치를 잡고 태어날 만큼 승부와 집착이 강한 사람이었다. '형이 동생을 섬길 것이다'라는 하나님의 계시를 받았음에도 불구하고 때를 기다리지 못하고 아버지를 속여서 형이 받을 아버지의 축복을 가로챘던 욕망의 사람이었다. 외삼촌 라반에게 속임을 당하여 결혼했지만, 나중엔 외삼촌을 속여 재산을 가로채기도 했다. 자신이 편애의 희생자 였음에도 불구하고 자신 역시 열 두 아들 가운데 요셉을 편애함으로써 22년 동안 아들과 헤어지는 아픔을 겪었던 사람이다.

현 미 경 으 로 본 야 곱

1번 현미경 심은 대로 거두었던 사람(창세기 29장 1절 – 30절)

아버지 이삭을 속여서 형이 받을 축복을 가로챈 뒤, 야반도주했던 야곱은 이제는 반대로 외삼촌 라반에게 속임을 당하는 처지가 되었다. 외삼촌의 둘째 딸 라헬을 사랑했기에 7년을 봉사했던 야곱은 결혼식을 치른 뒤 신부가 라헬이 아니라, 언니 레아인 것을 안 후 다시 7년을 봉사하면 라헬을 주겠다는 외삼촌의 말을 듣고 사랑하는 여인을 얻기 위해 다시 7년을 봉사하였다. 외삼촌에게 속임을 당해서 14년을 무보수로 일하게 된 것이다. 자신이 뿌린 대로 거둔 셈이다. 하지만, 야곱 그는 여전히 자신이 원하는 것은 얻고야 마는 욕망과 집념의 사람이었다.

2번 현미경 새 아침을 맞이했던 사람(창세기 32장 13절 – 31절)

자신의 생명과 이익을 위해서는 머리가 반짝반짝 돌아가던 야곱은 형 에서를 만나기 전 먼저 하인들을 시켜 형을 위한 선물(양, 낙타, 소, 나귀)을 이끌고 얍복강을 건너가게 했다. 그리고 그 뒤에 거리를 두고 자신의 아들들과 아내를 건너가게 했다. 하지만 자신은 그래도 안심이 되지 않았는지 상황을 두고 보려고 강을 건너지 않았다. 철저한 자기중심의 사람이었다. 바로 이러한 야곱에게 그 날 밤에 하나님의 천사가 찾아와 밤새 몸싸움을 벌였다. 천사는 야곱의 엉덩이뼈를 후려쳐서 어긋나게 만들었지만 야곱은 끝까지 물고 늘어지면서 자신을 축복해 달라고 했다. 천사는 그에게 '약탈자'라는 뜻의 이름 대신 '이스라엘(하나님과 겨루어 이겼다)'라는 새 이름을 허락했다. 절룩거리며 형을 만나려고 강을 건너오던 야곱의 애처로운 모습은 형의 용서와 동정을 자아내게 했다. 그리고 평생 야곱은 자신의 절룩거리는 다리를 볼 때마다 자신이 새롭게 태어났던(중생) 그 아침을 기억하며 자신을 새롭게 가꾸어 갔다.

맺음말 비전은 나로 인해 타인의 생명이 풍성해지는 것

타인이야 어떻게 되든 말든 간에 나와 내 가족만의 안일과 행복을 추구하며 살아가던 야곱의 모습은 야곱 혼자만의 삶이 결코 아니었다. 배움의 폭이 넓어갈 수록 품는 사람의 수도 늘어나야 함에도 불구하고 늘 우리의 품 안에는 몇몇 가까운 사람만이 머무는 공간으로 전락해 있었다. 평생을 야망을 추구하며 살다 이집트의 파라오 앞에서 "나의 나이가 얼마 되지 않으나 험악한 세월을 보냈습니다."(창세기 47장 9절)라고 말하던 야곱의 모습 속에서 야망 속에서 지친 한 노인의 모습을 본다.

야 곱 에 게 주 신 아 가 페

야곱이라는 사람은 평생을 통해 어떤 아가페를 배웠는가?

망원경으로 본 모세

모세는 '물에서 끌어올리다'라는 뜻의 이름으로서 그 당시 남자아이는 태어나면 죽이라는 이집트(애굽) 파라오(바로)의 명령에 의해 갈대상자에 넣어서 나일강에 던져졌지만, 파라오의 딸에 의해 발견이 되어 왕궁에서 친어머니를 유모삼아 자라며 40년간 궁중교육을 받았다. 이후 히브리인을 괴롭히는 이집트인을 죽인 죄로 도망하여 광야에서 40년간 장인의 양떼를 돌보았다. 호렙산에서 하나님으로부터 소명을 받은 뒤 이집트를 향한 10가지 재앙을 행함으로써 히브리인들을 데리고 출애굽한 뒤 약속의 땅 가나안을 목전에 두고 하늘의 부르심을 입고 역사 속으로 떠났다.

현미경으로 본 모세

1번 현미경 파라오의 궁전에서의 생활(출애굽기 2장 1절 - 15절)

모세는 유모인 친어머니 요게벳의 젖을 먹으며, 민족의 정체성을 키워갔다. 이집트 사람의 지혜를 배웠던 파라오의 궁전에서 보낸 모세의 40년의 생애는 하나님께서 뜻하신 바를 위하여 모세를 훈련시키신 과정이었다. 그러나 모세는 이 자리가 평생 자신이 고수해야 할 안락의 자리라고 결코 주장하지 않았다. 하지만 살인을 저질러 도망치다시피 떠나는 모세의 모습 속에는 "I can do it"이라는 깃발이 흩날리고 있었다.

2번 현미경 미디안 광야에서의 생활(출애굽기 2장 16절 - 4장 26절)

궁중생활에 비하면 무료하기 그지없고, 부족한 것이 많은 광야에서의 생활을 한지 40년이 되던 해 모세는 가시떨기 불꽃 가운데 임재하신 하나님과 대면했다. "네 발의 신을 벗어라"는 하나님의 명령 앞에서 모세는 자신의 권리와 기존의 누려오던 생활의 틀을 버리고 하나님의 종으로서의 삶을 위해 이집트를 향해 떠났다. 하지만 그의 손에 든 지팡이엔 " never can I do it "이라는 축 늘어진 깃발이 달려 있었다.

3번 현미경 출애굽의 지도자로서의 생활(출애굽기 4장 27절 이후 / 신명기 34장)

홍해를 건너서 약속의 땅을 향해 떠났지만, 백성들의 불신앙의 범죄로 인해 40년간을 광야에서 유리하는 생활을 해야 했던 모세의 깃발엔 "I can do it with God"이라는 깃발이 날리고 있었다. 그의 40년의 광야생활은 하나님의 불기둥, 구름기둥에 의한 sign으로 인해 머물고 떠났던 삶의 연속이었다. 마지막 조용히 숨을 거두던 그 시기에도 아직도 기력이 전혀 쇠하지 않았음에도 불구하고 하나님께서 오라고 하시니 두말하지 않고 떠날 줄 알던 사람이었다.

맺음말 　떠날 줄 알던 아름다운 사람

기득권을 유지하기 위해 애쓰다 보면 사람이 참 추해진다. 하지만 내 것이라고 주장하지 않고 '한시적 관리인'이라고 생각하는 사람은 떠날 수 있다. 그리고 그 떠남의 자리는 아름다운 향기로 가득찬다. 평생을 떠나는 훈련과 연습 속에서 살았던 모세는 자신의 후계자를 선출하던 자리에서도 결코 자신의 아들을 세우기 원하거나, 그 이름조차 거론하지 않았다. 내 것이라고 생각해 보지 않았다는 증거이다. 아직도 힘이 펄펄 넘치는 데 가나안까지 들어갈 수 있다고 발버둥 칠만도 한데 모세는 불평 한마디 없이 하나님의 명령 앞에 순종하며 아무도 없는 곳에서 조용히 하늘의 부르심에 응답하며 떠났다. 그렇기에 그의 머물렀던 자리는 오늘날까지 아름답게 기억되는 것이다.

모세에게 주신 아가페

히브리 민족의 지도자요 영웅인 모세에게도 아가페는 필요했다.
그것은 어떤 특징을 지닌 아가페인가?

망 원 경 으 로   본   다 윗

다윗은 '극진히 사랑을 받는 자'라는 뜻의 이름으로서 이스라엘의 역대 왕 중에서 가장 존경을 받고 있는 사람이다. 베들레헴의 이새의 여덟 아들 중에 막내로 태어나 사무엘에게서 기름부음을 받아 2대 왕으로 피택된 후 오랫동안 사울왕의 창을 피해 도망자의 생활을 했다. 하지만 2번이나 사울왕을 죽일 결정적 기회가 있었음에도 불구하고 사울왕을 죽이지 않았다. 그의 결혼생활은 어쩌면 불행했는지도 모른다. 첫 번째 부인(사울왕의 딸 미갈)과는 마음을 공유할 수 없었으며, 부하의 아내 밧세바와의 간음 사건은 다윗의 쌓았던 모든 것을 허물어뜨리는 깊은 절망 속에 빠뜨렸다. 이후 아들 암논이 이복동생(다말)을 강간하는 어처구니없는 일을 당했다. 아들(압살롬)의 쿠데타로 인해 또 다시 도망자가 되었으며, 그 아들로 인해 자신의 후궁들이 유린당하는 참담함을 겪기도 했다. 성전을 건축하려고 했더니, 하나님께서는 다윗이 피를 많이 보았기 때문에 안된다고 하시며, 준비한 모든 건축자재를 아들 솔로몬 때에야 사용할 수 있도록 거절하셨다. 왕이 된 다윗의 삶 가운데서 제대로 기쁨이었다고 할 만한 것을 발견할 수가 없다. 아마 그의 삶 중에서 가장 극적이고도 멋있었던 때는 왕이 되기 전 거인 골리앗을 쓰러뜨리던 때였을 것이다. 그러나 그러함에도 불구하고 하나님께서는 성경에서 유일하게 다윗을 일컬어 "내 마음에 합한 사람"이라고 하셨다.

현 미 경 으 로   본   다 윗

1번 현미경   하나님 한분 밖에 몰랐던 사람(사무엘 상 17장)

양을 칠 때 사자와 곰의 발톱 가운데서 구해 주셨던 하나님께서 골리앗의 손에서도 구원해 주실 것을 믿었던 다윗은 전쟁의 승리가 칼과 창에 있지 않고 오직 하나님께 있음을 그의 행동으로 보여주었다. 하나님께서는 순수한 다윗의 믿음에 감동하셔서 다윗이 던진 돌이 골리앗의 이마에 박힐 정도로 힘을 실어주셨다.

2번 현미경   때를 기다릴 줄 알던 사람(사무엘 상 24장)

　이미 선지자 사무엘을 통해 기름부음을 받았기 때문에 사울왕을 몰아내고 왕 위에 오르더라도 전혀 문제가 될 것이 없었음에도 불구하고 다윗은 임의적인 방법을 사용하지 않았다.(자신의 방법을 최대한 사용한 야곱과는 사뭇 다름). 그는 하나님께서 정해두신 하나님의 때를 기다릴 줄 아는 기다림의 사람이었다.

3번 현미경   회개의 눈물을 쏟던 사람(사무엘 하 12장, 시 51편)

　부하의 아내를 빼앗은 죄를 지적받자 다윗은 자복하며, 진실한 회개의 기도를 드렸다. "하나님이여 내 속에 깨끗한 마음을 창조하시고 내 안에 정직한 영을 새롭게 하소서. 나를 주님 앞에서 쫓아내지 마시며 주님의 영을 거두지 마소서. 주님의 구원의 즐거움을 내게 회복시키시고 자원하는 심령을 주사 나를 붙드소서." 다윗 그는 자신이 돌아가야 할 곳이, 진정한 기쁨이 무엇인지를 알고 있던 사람이었다.

맺 음 말   짙은 그림자를 넘어섰던 사람

　빛이 강력한 만큼 그림자도 짙듯이 찬사를 받는 다윗의 삶 뒤에 감춰진 아픔들이 있다고 표현할 수도 있겠지만, 그러나 그러한 아픔의 상황 속에서도 꺾여지지 않고 자신이 머물러야 할 곳, 의지해야 할 분이 누구인지를 분명하게 알고 살았기에 다윗은 짙은 그림자를 넘어설 수 있는 사람이었습니다.

다 윗 에 게　주 신　아 가 페

실수가 있었던 다윗을 사랑하신 아가페적 사랑에는 어떤 특징이 있는가?

5 | 허약한 영혼의 사람 —— 히스기야
관련 성경구절: 열왕기하 16장 - 21장, 역대하 28장 - 32장, 이사야 36장 - 39장

망 원 경 으 로 본 히 스 기 야

히스기야는 '여호와의 힘'이라는 뜻의 이름으로서 성전의 거룩한 기구들을 사용하여 우상에게 희생제사를 드렸던 유다 11대왕 아하스의 아들이다. 왕위에 오른 후 아버지의 악영향에서 벗어나 예루살렘 성전을 수리하고 청결케 함과 동시에 우상숭배의 단들을 없애 버렸다. 더불어 모세 이후 사람들에 의해 소중히 간직되어 온 놋뱀을 '느후스단(놋 조각)'이라고 말하며 없앴다. 이렇듯 여러 개혁조치들을 취하며 외부를 향한 그의 개혁의 출발은 좋았으나, 정작 자신의 개혁에는 실패하여 생명을 연장받은 15년을 허망하게 보냈다. 그 결과 그 기간동안에 낳았던 자신의 후계자 므낫세는 남 유다왕국 역사상 가장 악독한 왕으로 기록될 정도로 패역한 왕이 되었다. 결국 히스기야는 '여호와의 힘'을 의지하는 것처럼 보였으나, 결정적인 순간에는 '자신의 힘'을 의지했던 실패한 개혁자로 자리잡고 있다.

현 미 경 으 로 본 히 스 기 야

1번 현미경 출발이 좋았던 사람(열왕기하 18장 1절 - 8절, 역대하 29장 - 31장

히스기야의 어머니의 이름은 아비(아비야)로서 스가랴의 딸이었다. 그녀는 "나의 아버지는 여호와시다."라는 이름의 뜻대로 경건한 어머니였다. 그렇기에 그녀는 히스기야에서 아버지 아하스의 모든 악한 영향들을 물리치려고 부단히 애를 썼을 것이다. 그 결과 히스기야는 25살에 왕 위에 오를 때 여호와 하나님 앞에서 조상 다윗이 행했던 모든 것을 따라서 정직하게 행 할 수 있었다.

2번 현미경 죽음을 거부한 사람(열왕기하 20장1절 - 11절)

병이 들은 후 이사야 선지자로부터 이제 하나님께로 갈 때가 되었으니 집안일을 정리하라는 말을 들은 히스기야는 죽음을 자연스럽게 받아들이지 못했다. 왜냐하면 자신의 뒤를 이을 아들이 없었기 때문이다. 결국 히스기야는 다윗의 불씨가 꺼지지 않을 것이다라는

하나님의 약속의 말씀(열왕기 상 11장 36절)을 신뢰하지 못했던 사람이었다. 그렇기에 자신의 생각과 방법대로 후사를 보아야겠다는 강한 집착이 그로 하여금 삶을 정리하지 못하게 했던 것이다.

3번 현미경 없었으면 좋았을 15년(열왕기 하 20장 1절 – 21장 18절, 역대하 32장)

15년의 생명을 더 연장받았던 히스기야는 3년 뒤 '므낫세'라는 아들을 낳았다. 하지만, 이 므낫세는 교만(순종해야 될 대상에게 순종하지 않는 것)한 아버지의 모습(역대하 32장 24절 - 26절)을 보며 자랐다. 그 결과 자신의 아들을 우상에게 불태워 제사를 드리는 등 온갖 사술과 요술을 행하던 가장 타락한 왕이 세상에 등장하게 되었던 것이다. 차라리 히스기야가 하늘의 부르심을 받은 뒤 하나님을 신뢰하기에 이 세상의 삶을 정리하고 떠났다면 히스기야의 삶과 더불어 남 유다 왕국의 훗날도 더 든든히 세워졌을 것이라는 아쉬움이 남는다.

맺음말

15년 연장된 히스기야의 삶을 통해 오래 사는 것보다 어떻게 사느냐가 더 중요한 것임을 깨닫게 된다. 더불어 연약한 영혼의 소유자 히스기야의 개혁을 돌아보며, 밖으로의 개혁 이전에 안으로의 개혁, 타인을 바로 세우기보다는 나 자신을 진리 안에서 바로 세우는 것이 선결과제임을 깨달을 수 있다.

히스기야에게 주신 아가페

히스기야의 삶에 나타난 하나님의 아가페는 어떤 모습인가?

망 원 경 으 로 본 여 인

어려운 살림에 빚을 내어 신학교에서 선지자 수업을 받던 남편의 갑작스런 죽음으로 인해 여인은 두 아들을 채권자의 손에 넘겨질 위기에 처해 있었다. 여인은 이 상황을 엘리사 선지자에게 있는 그대로를 이야기 했다. 보통 상식적으로 생각할 때 그 말들 뒤에 뭔가 붙어야 할 것 같은데 없다. 그것은……

"정말 하나님이 살아 계신다고 한다면 하나님을 경외하던 내 남편이 죽을 수가 있습니까? 내 아들들이 종으로 끌려갈 수 있습니까? 어떻게 이럴 수가 있습니까?"

그런데 아무리 눈을 닦고 찾아봐도 없다. 이 여인은 그토록 하나님을 경외하던 남편을 젊은 나이에 하나님이 데리고 가셨음에도 불구하고 아무런 원망과 불평도 없었다. 참 대단한 믿음이다. 이 여인은 죽음에 관한 분명한 수용이 있었기에 신앙의 이중성에 빠지지 않을 수 있었던 사람이다.

현 미 경 으 로 본 여 인

1번 현미경 경건한 신앙의 남편을 두었던 여인(열왕기 하 4장 1절)

"죽은 내 남편이 하나님을 얼마나 경외하였는지를 당신이 아십니다." 여기에서 참 귀한 것을 알게 된다. 내가 정말 하나님 앞에서 하나님을 경외하는 자라고 한다면 내가 이 세상을 떠나고 난 뒤에도 내 믿음은 반드시 남아있는 내 가족들에게 전수되어 그들을 경건한 하나님의 사람으로 바꾸게 된다는 것이다. 지금 내 가족이 하나님을 잘 믿지 않는다고 하더라도 걱정하지 마라. 우리들 자신이 하나님 앞에서 자타가 하나님을 경외하는 사람이라고 인정할 정도의 사람이 되는 것이 더 중요하다. 내가 그와 같은 사람이 되면 내가 이 세상을 떠난 뒤에도 남아 있는 가족들은 내가 간 그 길을 가게 된다.

2번 현미경 침묵할 줄 알던 여인(열왕기 하 4장 1절 – 2절)

여인은 그냥 자신의 상황만 말했다. 엘리사가 어떻게 해 줄까?라고 말해도 여인은 아무 말이 없었다. 여인은 알고 있었던 것이다. 인생의 계획 가운데서 자신이 세운 어떤 방책도 소용이 없다는 것을. 그래서 여인은 하나님의 방책이 어떻게 되는지 그것을 듣기 위해 침묵했다. 지혜는 나를 위한 하나님의 계획이 무엇인가를 깨달으려 하는 것이 지혜이고, 우리는 침묵을 통해 하나님의 뜻을 분변할 수 있다.

3번 현미경   신뢰가 있었던 여인(열왕기 하 4장 3절 - 7절)

남의 집의 그릇을 전부 빌려왔다. 평소 이웃이 그녀에 대한 신뢰가 있었음을 알 수 있는 부분이다. 빌린 그릇에 기름을 계속 담는 것은 믿음이 없으면 결코 할 수 없는 일이다. 그런데 그 황당한 일을 여인은 두 아들과 함께 하고 있다. 가족들에게 신뢰가 있었던 여인임을 알 수 있다.   거기다 이 여인은 몇 개만 빌려와서 해도 될 이 일을 최선을 다해 하고 있었다.

맺 음 말   이름으로서가 아니라 믿음으로 이야기 하는 여인

이름모를 한 여인을 통해 하나님 앞에 우리가 보여드릴 것은 알량한 우리의 이름 석자가 아니라 참다운 우리의 믿음이라는 사실을 또 깨닫는다.   하나님께서 우리에게 허락한 우리의 가족들이 멋진 신앙의 동역자가 되고 우리를 향해 기름 부어주시는 하나님의 은혜를 경험하는 길은 먼저 진리 안에서 우리 자신을 바로 세워가는 길이며, 주어진 삶에 최선을 다하는 것임을 깨닫는다.

무 명 의 여 인 에 게 주 신 아 가 페

하나님은 무명의 여인에게 어떤 방법으로 아가페를 표현하셨는가?

항명한 훈련병 —— 요나
관련 성경구절: 요나 1장 – 4장, 열왕기 하 14장 25절

망 원 경 으 로   본   요 나

요나는 '비둘기'라는 뜻의 이름으로서 B.C 850년에서 B.C 800년 사이인 요아스와 여로 보암2세 통치 기간에 사역한 선지자이다. 그는 니느웨(앗시리아의 수도)로 가서 복음을 전하라는 하나님의 명령에 불순종하여 다시스로 도망가다가 바다에 빠져서 물고기 뱃속에 3일 동안 있는 동안에 회개한 뒤 니느웨로 가서 회개의 복음을 선포한 사람이다. 하지만, 3일 걸려야 다 돌 수 있는 그 큰 성을 요나가 단 하루 동안 외쳤음에도 불구하고 12만명 니느웨 사람들이 모두 회개하는 것을 보고 요나는 몹시 싫어하며 화를 냈다. 이런 어처구니 없는 훈련병을 하나님께서는 때론 혼내시고, 때론 설득하시면서 인간을 향한 구원계획을 이루어 가셨다. 요나의 모습 속에서 천방지축인 우리의 모습을 본다.

현 미 경 으 로   본   요 나

1번 현미경   물에 던져지는 훈련(요나 1장)

세상 어느 곳에 숨어있은들 하나님의 시선을 피할 수 있겠는가? 하지만 요나는 선지자임 에도 불구하고 도피할 수 있다고 생각하여 세상의 끝이라고 알려졌던 스페인 '다시스'로 도망가려 했다. 하나님께서는 요나 주위의 사람들이 요나를 들어서 바다에 던져버리는 훈련을 주신다. 그는 사람들에게 배신과 버림을 당한 셈이다. 요나는 버림받고 배신당하는 아픔을 겪으면서 자신이 버렸던 다시스를 생각했다.

2번 현미경   물고기 뱃속에 갇히는 훈련(요나 1장 17절 – 2장)

온 세상과 격리되고, 희망의 빛이라고는 조금도 찾아볼 수 없는 냄새가 진동하는 물고기 뱃속이라는 비밀 훈련장소에서 하나님께서는 요나를 특별훈련 시키셨다. 요나는 갇히고 격리되는 캄캄한 속에서 지옥의 고통을 경험하면서 자신이 메시지를 전하지 않음으로써 다시스 사람들이 겪게 될 지옥형벌의 고통을 깨달았다.

3번 현미경 박넝쿨의 훈련(요나 4장)

답답한 이 선지자는 자신이 회개의 메시지를 다 전하기도 전에 벌써 회개함으로써 하나님의 심판을 피하게 된 니느웨 성을 바라보며 분노했다. 겉으로는 "회개하라! 그렇지 않으면 하나님께서 심판하실 것이다."라고 외치면서도 속으로는 "회개하지마라! 제발 회개하지 마라!"라고 외치던 한심한 선지자의 모습을 본다. 하나님께서는 철없는 선지자의 텐트에 박넝쿨로 덮었다가 이튿날 벌레가 씹게 하심으로써 요나로 하여금 한 번 더 분노케 만드셨다. 그리고 박넝쿨로 인해 안타까워하는 것과 비교도 되지 않을 정도로 인간들의 생명을 귀하게 여기시는 하나님의 마음을 토로하셨다. 마치 요나의 귀를 잡고 제발 좀 들으라고 외치시는 안타까움으로...

맺음말 우리에게도 이 세 가지 훈련이

때로 믿고 있던 주위 사람들에게 배신과 버림을 당할 수 있다. 도움의 손길이라고는 전혀 기대조차 할 수 없는 절망 가운데 있을 수도 있다. 의지하던 것이 하루 아침에 사라지는 상실감을 맛볼 수도 있다. 배신감, 절망감, 상실감 이라는 이 세 가지 훈련을 통해 하나님께서는 요나를 하나님의 일꾼으로 훈련하셨듯이 오늘날에도 명령에 불복종하는 한심한 훈련병인 우리를 사용하시려고 이러한 특수훈련을 받게 하신다. '요나' 이것을 단 한마디로 하자면 "요것이 바로 나다"는 뜻이다.

요나에게 주신 아가페

요나를 통해 나타난 아가페의 본질적 속성은 무엇인가?

망 원 경 으 로   본   누 가

누가는 '빛을 주는 자'라는 뜻의 이름으로서 누가복음과 사도행전을 기록한 기자로서 본래 직업은 의사이다. 더불어 사도 바울의 선교사역의 동역자로서 바울이 옥중에 있을 때도 그와 함께 있으면서 그의 병약한 몸을 돌봐주었으며, 로마로 압송되어 갈 때뿐만 아니라 바울이 순교할 때까지 그의 곁에 함께 함으로써 바울의 선교가 가능하도록 도왔던 함께함의 사람이었다.

현 미 경 으 로   본   누 가

1번 현미경   주님의 이름을 빛나게 했던 사람(누가복음, 사도행전)

그는 예수님의 직접적인 제자는 아니었지만 그의 이름처럼 주님의 이름을 빛내는 삶을 살았던 사람이다. "누가복음—사도행전"은 성경의 최장편이다. 그럼에도 불구하고 그는 그의 이름을 한번도 기록하지 않고 있다. 누가는 업적으로 인해 자신의 이름이 알려지기 보다는 주님의 이름이 드러나기를 소망하며 살았던 예수님의 참 제자였다.

2번 현미경   사람을 사랑했던 의사(누가복음, 사도행전 1장)

누가의 직업은 의사였다. 그가 기록한 누가복음은 '인간이 되신 예수님'에 대해서 강조하고 있다. 그는 누가복음과 사도행전을 데오빌로라는 사람을 위해서 기록했는데, 데오빌로는 하나님을 사랑하는 사람, 하나님이 사랑하시는 사람이라는 뜻이다. 데오빌로가 1명의 개인을 뜻한다면 누가는 단 1명의 사람을 진리 안에서 바로 세우기 위해 그 긴 편지를 기록한 자상한 의사였음을 알 수 있다. 만약 데오빌로가 하나님을 사랑하고 하나님의 사랑 받는 우리 모두를 뜻한다고 한다면 누가는 그 자신이 이 세상의 모든 사람들을 데오빌로가 되기를 소망했던 사랑많은 데오빌로였다.

3번 현미경 죽음의 자리에까지 함께했던 동역자(디모데 후서 4장 11절)

　고후 12장 23절~27절은 바울의 고난당하고, 고통받았던 목록이다. 만약 이때 바울에게 누가가 없었다면 그의 사역은 불가능했을 것이다. 싸늘하고 죽음의 그림자가 드리워진 감옥 한 구석에서, 황제 네로에게 받게 될 심판을 기다리는 바울, 그의 곁에서 마지막 가는 길을 보살펴 주고 있는 이, '누가'가 있었기에 바울의 그 사역들은 가능했다.

맺음말　　조연같았지만, 주연이었던 사람

　영화에는 주연, 조연, 엑스트라가 있다. 일을 할 때에도 주도형이 있고, 협조형, 방관자형이 있다. 그러나 하나님 앞에서 우리 모두는 주연이다. '누가' 그는 의사로서 누구보다도 사람을 사랑했던 사람이었으며, 일의 주도형인 바울이 무사히 업무수행할 수 있도록 말없이 도왔던 협조형의 함께함의 사람이었다. 우리는 그에게서 함께함의 아름다움을 배운다.

　더불어 예수님의 神性을 소홀히 하지 않으면서도 이 땅 가운데 인간의 몸으로 오신 예수님의 감정, 고뇌, 아픔과 심령의 상함을 기록해 줌으로써 우리의 아픔과 고통을 이해하고 감싸주시는 예수님으로 우리 가운데 다가오시도록 하는 다리 역할을 했던 사람이었다. 하나님을 사랑하고 하나님께 사랑받았던 데오빌로 '누가'를 통해 수많은 사람들이 '데오빌로'가 되었던 지난날의 교회사가 그의 이름을 더욱 아름답게 기억나게 해 준다.

누 가 에 게　주 신　아 가 페

누가를 통해 배워야 할 아가페의 실천적 덕목은 무엇인가?

망 원 경 으 로 본 바 울

바울(작다)은 회심 전 '사울(요구하다, 크다)'이라는 이름을 가졌던 사람으로서, 베냐민 지파요, 로마시민권을 가지고 있던 사람이었다. 스데반의 죽음에 동의하고, 그를 죽이는 사람들의 옷을 맡아서 보관해 주었다. 그리스도교인들을 잡아들이기 위해 다마스커스로 향하던 중 부활하신 예수님과의 만남으로써 그의 전 생애가 바뀌는 것을 경험했다. 이후 가말리엘 문하에서 배웠던 그의 지식은 그리스도교의 진리를 정리하고, 기초를 닦는데 결정적인 역할을 했으며, 그가 마지막까지 뿌렸던 복음의 씨앗들은 땅끝까지 복음을 전하기 원하셨던 예수 그리스도의 열망을 이루는 출발점이요, 기초가 되었다.

현 미 경 으 로 본 바 울

1번 현미경 다마스커스의 사람(사도행전 7장 58절 – 8장 3절)

히브리 신앙의 엄격한 교육 속에서 성장했던 바울은 바리새인중의 바리새인으로서, 그 뜨거운 태양아래 수백 km를 걸어서 그리스도인들을 잡아서 죽이기 위해 다마스커스를 향해 갈 정도로 피가 끓는 사람이었다. 그리스도인들을 없애기 위해 다마스커스로 가던 그는 하늘로부터 큰 빛을 보고 실명했다. 이때 만난 주님으로 인해 그는 turning point(가치관, 인생관, 신앙관의 변화)를 경험했다. 이후 그는 지금까지 자신이 걸어왔던 삶의 방향을 과감히 바꾸어 "예수는 그리스도"이심을 전했다. 바울에게 있어 '다마스커스'는 잊지 못할 첫 번째 장소였다.

2번 현미경 예루살렘의 사람(사도행전 20장 22절 – 24절, 고후 12장 23절~27절)

다마스커스로 가다가 주님을 만난 후 그 감격과 기쁨으로 살아가려고 그의 인생을 시작했을 때 바울 앞에 기다리고 있었던 길은 예루살렘으로 가는 길이었다. 그것은 바울의 표현대로 결박과 환란의 길이었다. 하지만, 위험과 긴장과 고통의 그 길을 바울은 주님을 믿는 믿음과 하나님의 은혜로 잘 이겨나갔다. 바울은 다윗의 시 23편의 "내가 비록 죽음의 그늘 골짜기로 다닐지라도, 주께서 나와 함께 계시고, 주의 지팡이와 막대기로 나를 위로해 주시니, 내게는 두려움이 없습니다."라는 말씀을 누구보다도 잘 알고 있는 그리스도인이었다.

3번 현미경 로마의 사람(사도행전 28장 16절 – 31절, 로마서)

사도 바울이 다마스커스로 가는 길에서 예수님을 만난 후에 그의 전 생애는 바로 로마로 가는 길을 향해 맞추어 져 있었다. 로마로 가는 길은 그의 생애를 마감하는 길이었다. 땅 끝까지 복음을 전함으로써 모든 민족을 구원하기를 원하셨던 예수님의 거룩한 열망을 이루어드리기 원했던 사도 바울에게 로마는 그 Vision을 이루는 주요한 통로요, 과정이었던 것이다. 비록 평생을 그렇게도 소망했던 로마에서 사도 바울은 그의 선교의 날개를 접었지만, 그가 뿌린 복음의 씨앗은 온 유럽을 돌아 바로 이 땅까지 오게 된 것이다.

맺 음 말 끝나지 않은 길을 가는 세 장소의 사람들(사도행전 28장 16절 – 31절)

사도행전을 영어로 Acts라고 한다. act라는 동사의 명사형이 action이라고 하는 단어가 있음에도 불구하고 Acts라고 한 것은 정지된 행동들이 아니라 하나님의 뜻에 순종하는 사람들의 역동적인 모습을 그렸기 때문이다. 참된 그리스도인이라면 누구든지 '다마스커스'라는 중생의 경험과 '예루살렘'이라는 그리스도의 남은 고난을 채우는 경험, '로마'라는 Vision을 품고 살아가게 된다. 바울 그러했듯이 우리 역시 바로 그 끝나지 않은 길을 가는 세 장소의 사람이어야 한다.

바 울 에 게 주 신 아 가 페

바울이 받은 아가페는 어떤 특징의 사랑이며,
그에게서 배워야 할 아가페의 덕목은 무엇인가?

10 | 무대 뒤의 사람 ── 바나바
관련 성경구절: 사도행전 4장 32절 - 37절, 11장 - 15장, 갈라디아서 2장 1절 - 18절

망원경으로 본 바나바

바나바(본명: 요셉)는 '위로의 아들(Son of Encouragement)'이라는 뜻으로서 자신의 밭을 팔아서 기근으로 고생하던 다른 사람들의 아픔을 들어주었던 따뜻한 마음의 소유자였다. 그는 회심한 바울에게 모든 이들이 등을 돌릴 때 유일하게 바울의 편이 되어서 그를 변호해 주었다. 바나바는 안디옥에서 자신 혼자 큰 사역을 감당할 수 없음을 깨닫고 길리기아 '다소(바울의 고향)'까지 가서 바울을 데리고 온 사람이었다. 그는 바울과 함께 선교여행을 다닐 때 바울이 선교의 전면에 나설 때도 불평 한마디 없이 무대 뒤에서 바울을 support했던 사람이다. 예수님께서 핍박자 사울을 바울되게 하셨던 분이라면, 바나바는 바울을 '사도 바울'되게 했던 후견인이라고 할 수 있다.

현미경으로 본 바나바

1번 현미경 하나님의 사랑이 머물렀던 사람(사도행전 4장 32절 - 37절)

글라우디오(AD 41~54) 황제 때에 흉년이 들었을 때, 바나바는 자신도 어려웠지만, 자신의 밭을 판 돈을 비롯한 모금을 가지고 예루살렘으로 갔다. 바나바는 사람을 긍휼히 여기는 마음이 많은 사람(그는 안디옥교회의 수석교역자)이었다. 요한일서 3장 17절에 "누구든지 세상 재물을 가지고 있으면서, 자기 형제나 자매의 궁핍함을 보고도 마음 문을 닫고 도와주지 않으면 어떻게 하나님의 사랑이 그 사람 안에 머물겠습니까?"라고 기록되어 있는데, 바나바 그의 마음은 하나님의 사랑이 머무는 편안한 자리였다.

2번 현미경 사람 보는 눈을 가졌던 사람(사도행전 9장 27절)

사람을 소개해 준다는 것은 쉽지 않다. 왜냐하면 소개란? 그 사람에 대한 것은 내가 책임을 지겠다는 의미이기 때문이다. 모든 믿는 사람들이 도저히 신뢰할 사람이 아니라고 배척하던 바울을 유일하게 바나바만이 따뜻하게 맞아주었다. 만약 바나바가 없었다면 신약성서의 대부분을 차지하고 있는 '바울서신'들을 접하기 어려웠을지도 모른다. 바나바

는 "a good man behind a great man" 이었다. 그리고 자신이 소개하고 길러낸 사람이 자신을 앞질러 가는 것도 용납했던 예수님을 닮은 그분의 제자였다.

3번 현미경 사람중심의 사역자(사도행전 11장 36절 – 41절)

바나바는 1차 선교여행에서 도중하차 하고 집으로 돌아간 마가(요한)를 2차 선교여행에 다시 데리고 가는 문제로 바울과 갈라지는 아픔을 겪었지만, 그러함에도 불구하고 자신에게 실망을 안기고 배신감을 느끼게 했던 마가를 용납하고 그와 함께 다시 선교여행을 떠났다. 실패로 인해 좌절감과 패배의식 속에 갇혀있던 마가가 자유케되었음은 두말할 필요가 없다. 만약 일보다는 사람을 중요하게 생각하는 바나바가 없었다면 최초의 복음서인 마가복음은 성경 속에서 만나기 힘들었을지도 모른다.

맺 음 말   사람을 사랑하고 사람을 세웠던 무대 뒤의 사람

바나바는 주연을 주연되게 돕는 사람이었다. 그는 과거에만 집착한다면 현재의 본 모습을 정확히 파악하지 못하는 경우가 많다는 것을 알았기에 사람의 과거를 가지고 현재의 그 사람을 평가하지 않는 사람이었다. 그 결과 바나바 그는 그리스도의 사랑이 자유롭게 머무는 공간이요, 그리스도 사랑의 통로로서 살다간 아름다운 빈손이었다.

바 나 바 에 게 주 신 아 가 페

바나바는 아가페를 실천한 사람이었다.
그는 우리에게 어떤 사람이 되라고 교훈하는가?

주기도문, 사도신경, 십계명

주기도문
The Lord's Prayer

하늘에 계신 우리 아버지여,
이름이 거룩히 여김을 받으시오며,
나라이 임하옵시며,
뜻이 하늘에서 이룬 것같이 땅에서도 이루어지이다.
오늘날 우리에게 일용할 양식을 주옵시고,
우리가 우리에게 죄 지은 자를 사하여 준 것같이
우리 죄를 사하여 주옵시고,
우리를 시험에 들게 하지 마옵시고,
다만 악에서 구하옵소서.
대개 나라와 권세와 영광이 아버지께 영원히 있사옵나이다.

- 아멘 -

(마태 6:9-13)

Our Father in heaven, Hallowed be Your name. Your Kingdom come. Your will be done on earth as it is in heaven. Give us this day our daily bread. And forgive us our debts, as we forgive our debtors. And do not lead us into temptation, but deliver us from the evil one. For Yours is the kingdom and the power and the glory forever. Amen.

(MATTHEW 6:9-13)

사도신경
The Apostles' Creed

전능하사 천지를 만드신 하나님 아버지를 내가 믿사오며,
그 외아들 우리 주 예수 그리스도를 믿사오니,
이는 성령으로 잉태하사 동정녀 마리아에게 나시고,
본디오 빌라도에게 고난을 받으사, 십자가에 못박혀 죽으시고,
장사한 지 사흘 만에 죽은 자 가운데서 다시 살아나시며,
하늘에 오르사, 전능하신 하나님 우편에 앉아 계시다가,
저리로서 산 자와 죽은 자를 심판하러 오리시라.
성령을 믿사오며, 거룩한 공회와, 성도가 서로 교통하는 것과,
죄를 사하여 주시는 것과, 몸이 다시 사는 것과,
영원히 사는 것을 믿사옵나이다.
-아멘-

I Believe in God The Father Almighty, Maker of heaven and earth; And in Jesus Christ His only Son our Lord; Who was conceived by the Holy Spirit, born of the Virgin Mary, suffered under Pontius Pilate, was crucified, dead, and buried; He descended into hell; the third day He rose again from the dead; He ascended into heaven, and sitteth on the right hand of God the Father Almighty; from thence He shall come to judge the quick and the dead.

I believe in Holy Spirit, the Holy Universal Church; the communion of saints; the forgiveness of sins; the resurrection of the body; and the life everlasting.   Amen.

십 계 명

The Ten Commandments

하나님이 이 모든 말씀으로 일러 가라사대
나는…… 너의 하나님 여호와로라.

제 일은, 너는 나 외에는 다른 신들을 네게 있게 말지니라.

**제 이는, 너를 위하여 새긴 우상을 만들지 말고, 또 위로 하늘에 있는
것이나, 아래로 땅에 있는 것이나, 땅 아래 물속에 있는 것의
아무 형상이든지 만들지 말며, 그것들에게 절하지 말며, 그것들
을 섬기지 말라.**
나 여호와 너의 하나님은 질투하는 하나님인즉 나를 미워하는 자의
죄를 갚되, 아비로부터 아들에게로 삼사대까지 이르게 하거니와,
나를 사랑하고 내 계명을 지키는 자에게는, 천대까지 은혜를 베푸
느니라.

제 삼은, 너는 너의 하나님 여호와의 이름을 망령되이 일컫지 말라.
나 여호와는 나의 이름을 망령되이 일컫는 자를 죄없다 하지 아니하
리라.

제 사는, 안식일을 기억하여 거룩히 지키라.
엿새 동안은 힘써 네 모든 일을 행할 것이나, 제 칠일은 너의 하나님
여호와의 안식일인즉, 너나 네 아들이나, 네 딸이나, 네 남종이나, 네
여종이나, 네 육축이나 네 문 안에 유하는 객이라도 아무 일도 하지
말라. 이는 엿새 동안에 나 여호와가 하늘과 땅과 바다와 그 가운데
모든 것을 만들고 제 칠일에 쉬었음이라. 그러므로 나 여호와가 안식
일을 복되게 하여, 그 날을 거룩하게 하였느니라.

제 오는, 네 부모를 공경하라.

그리하면 너의 하나님 나 여호와가 네게 준 땅에서 네 생명이 길리라.

제 육은, 살인하지 말지니라.

제 칠은, 간음하지 말지니라.

제 팔은, 도적질하지 말지니라.

제 구는, 네 이웃에 대하여 거짓 증거하지 말지니라.

제 십은, 네 이웃의 집을 탐내지 말지니라.

네 이웃의 아내나, 그의 남종이나 그의 여종이나, 그의 소나 그의 나귀나, 무릇 네 이웃의 소유를 탐내지 말지니라.
(출애굽기 20 : 1-17)

Then God spoke allthose words. He said "I am Yahwe your God :

1. You shall have no gods except me.
2. You shall not make yourself a carved image or any likeness of anything in heaven or earth beneath or in the waters under the earth : you shall not bow down to them or serve them.
3. You shallnot utter the name of Yahwe your God to misuse it.
4. Remember the sabbath day and keep it holy.
5. Honour your father and your mother.
6. You shall not kill.
7. You shall not commit adultery.
8. You shall not steal.
9. You shall not bear false witness against your neighbour.
10. You shall not covet your neighbour's house.

(Exodus 20 : 1-17)

클릭 아가페

초판1쇄 발행   2005년 2월 25일
초판2쇄 발행   2006년 2월 25일
초판3쇄 발행   2009년 2월 25일
초판4쇄 발행   2019년 2월 25일

지은이 ｜ 남서울대 교목실
펴낸이 ｜ 이찬규
펴낸곳 ｜ 북코리아
등록번호 ｜ 제03-01240호
주소 ｜ 13209 경기도 성남시 중원구 사기막골로 45번길 14
      우림2차 A동 1007호
전화 ｜ 02-704-7840
팩스 ｜ 02-704-7848
이메일 ｜ sunhaksa@korea.com
홈페이지 ｜ www.북코리아.kr
ISBN ｜ 89-89316-55-3 (03200)

값 15,000원